U0064584

科學天地 211　World of Science

觀念物理 4

聲學‧光學

CONCEPTUAL PHYSICS
THE HIGH SCHOOL PHYSICS PROGRAM

by Paul G. Hewitt

休伊特 著　陳可崗 譯

休伊特（Paul G. Hewitt）

高中時夢想當個拳擊手，畢業後開始學漫畫，後來從事畫戶外廣告招牌的工作。

27歲才決定回到學校，在麻州羅爾技術學院就讀物理系，是班上年紀最大的學生。

1964年，取得猶他州立大學科學教育與物理雙主修的碩士學位，

便到舊金山城市學院開始教學生涯，直到1999年退休。

1982年，休伊特獲得美國物理教師學會頒發的密立根講座獎。

獲獎原因是由於他在物理教學專業上的投入，發展出許多有趣而令人激賞的教學示範，

以及闡釋觀念的方式，讓很多原本不可能喜愛物理的學生，對物理產生興趣。

休伊特認為：教學不僅僅是工作，也不僅僅是專業，而是一種對待生命與生活的態度；

因此對於當老師的人來說，盡力把教學工作做好，是非常重要的一件事。

因為，不論學生有多大的熱情，老師都有能力把它澆熄；

但老師同樣也有能力去激發學生，讓他們發揮出最大的潛能。

休伊特相信：學物理應該是很有趣的，雖然也許要相當用功，但一定是有趣的事。

《觀念物理》這套書正是他這個信仰底下的產物之一。

譯者簡介

陳可崗

生於廣州，成長於台灣最艱困時期，曾就讀海軍官校，

台大物理系畢業，美國普度大學物理博士，主修實驗固態物理。

曾任教於清華大學，後移居美國，任職電子工程師。

工餘及退休後，輒常撰寫科學新知投刊於海外華文報紙。

譯有《觀念物理4》、《觀念物理5》、《十月的天空》、

《數學妖法》、《質數魔力》、《阿基米德幹了什麼好事！》、

《牛頓》、《居禮們》、《時光旅人》等書（皆為天下文化出版）。

觀念物理4

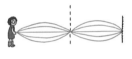

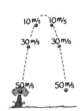

第四部

聲與光

Conceptual Physics - The High School Program

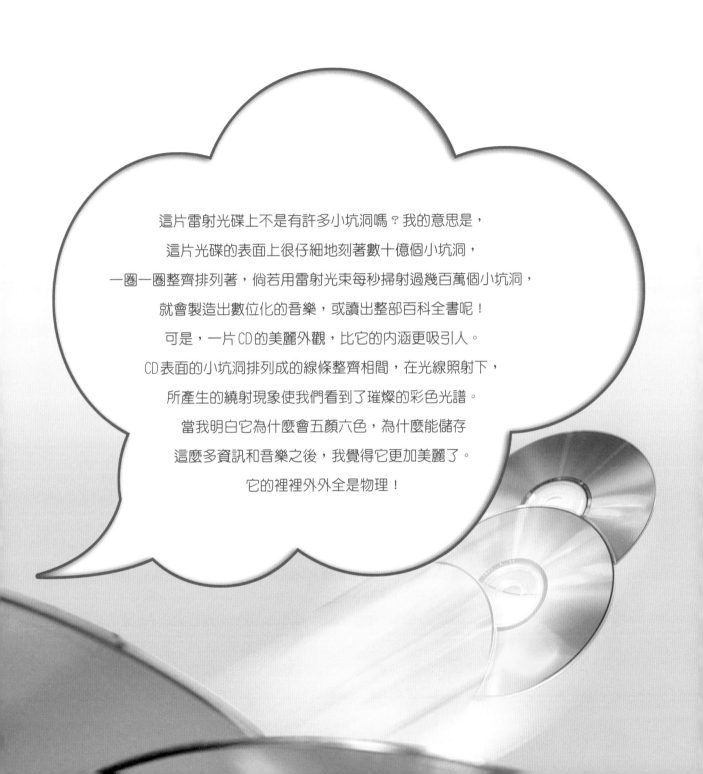

這片雷射光碟上不是有許多小坑洞嗎？我的意思是，

這片光碟的表面上很仔細地刻著數十億個小坑洞，

一圈一圈整齊排列著，倘若用雷射光束每秒掃射過幾百萬個小坑洞，

就會製造出數位化的音樂，或讀出整部百科全書呢！

可是，一片CD的美麗外觀，比它的內涵更吸引人。

CD表面的小坑洞排列成的線條整齊相間，在光線照射下，

所產生的繞射現象使我們看到了璀璨的彩色光譜。

當我明白它為什麼會五顏六色，為什麼能儲存

這麼多資訊和音樂之後，我覺得它更加美麗了。

它的裡裡外外全是物理！

第 25 章

波與振動

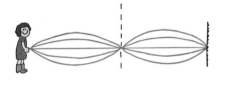

在我們周圍，看得見的物體都在不停地抖動與擺動著，而看不見的物體，譬如原子這種微小的東西，也是一直在抖動與擺動。所謂的振動，就是隨時間而進行的擺動。如果時間是靜止的，當然就不會有振動。振動是隨著時間變化的往復運動。一口大鐘被我們使勁撞擊一下，就會產生振動，經過一段時間之後才漸漸靜止下來。

隨著時間進行且穿越空間的擺動就叫做波，因此波不會固定在一個地點上，而必定是經一個地點前進到另一個地點。光與聲是兩種以波的形態穿越空間的能量，這一章我們先來討論振動與波，下面幾章再繼續討論聲與光。

25.1　單擺的振動

　　在繩子的一端繫上一塊石頭，就可做成一個單擺。單擺有規律的往復擺動，這種規律就使單擺長久以來被用做指示時間的工具。伽利略（Galilei Galileo, 1564-1642）發現，如果單擺以小角度來擺動，來回一次所需要的時間，也就是所謂的週期，不受其下端所繫墜物的質量影響，亦不受擺動所經過的距離大小影響。只有單擺的長度與所在地點的重力加速度，才會影響單擺的週期。

　　單擺的週期 T 可用下列公式算出：

$$T = 2\pi\sqrt{\frac{L}{g}}$$

公式中的 L 代表單擺的長度，g 代表當地的重力加速度。

　　長擺的週期較長，短擺的週期較短；換句話說，長擺的往復動作比短擺緩慢，擺動的次數也比較少。走路的時候，我們的腿就像單擺一樣，受地心引力的影響而自然擺動；所以，如果我們把長腿的人比做長擺，他邁步的動作就容易比短腿的人緩慢。這種現象在動物中更是顯著易見：長腿動物如長頸鹿、馬、鴕鳥等，奔跑時的步調要比短腿動物如獵犬、老鼠等來得緩慢。

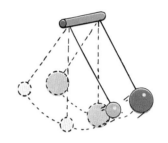

▲圖 25.1
長度相同的兩個單擺，它們的週期相同，與它們下端墜物的質量無關。

25.2　波是什麼？

　　一般的來回振動我們稱為振盪運動，單擺的來回擺動則稱為簡諧運動。次頁的圖 25.2 所示為一個單擺，以沙漏做為擺錘，懸掛在

圖25.2▶
舊金山探險博物館的創辦人歐本
海默（Frank Oppenheimer）在
示範一個來回擺動的單擺：單擺
在靜止平面上畫出直線，而在等
速移動的平面上畫出正弦曲線。

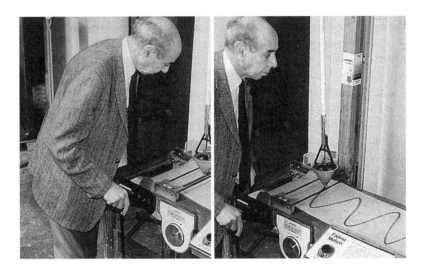

一輪送帶上方進行簡諧運動。左圖的輪送帶停止不動，漏出來的沙
描繪出一條直線軌跡；右圖就比較有意思了，圖中的輪送帶在做等
速移動，此時漏出來的沙就形成一條特殊的曲線，叫做正弦曲線。

簡諧運動的條件是，當物體離開其平衡位置時，所受到回復至
平衡點的回復力與該物體距離平衡點的位移成正比。大多數的振動
幾乎都能符合這條件。單擺自其平衡位置做小角度的位移時，擺錘
的重力會使自己回復到平衡位置，而這重力的回復力分量，與擺錘
經平衡點的位移成正比──跟彈簧懸掛重物時的運動情形一樣。各
位不妨看看《觀念物理》第 3 冊第 18.3 節的虎克定律：$F = k \Delta x$，
從這個式子可以看出，拉伸（或壓縮）彈簧的力，與彈簧被拉伸
（或壓縮）的距離成正比。

如圖25.3所示，若在彈簧下端懸掛重物，並令其做簡諧運動，
也可以畫出同樣的曲線。方法很簡單，你只要在重錘上黏一支奇異
筆，接著當彈簧進行垂直方向的簡諧運動時，把面向奇異筆的畫紙

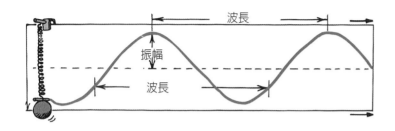

以等速率往水平方向移動，就可以畫出一條正弦曲線。這曲線就像水波，最高點叫做波峰，最低點叫做波谷。圖上的直虛線代表平衡時的原位，也就是振動的中間點。振幅是指波峰（或波谷）至中間點的距離，也就是波動中自平衡點到最大位移的距離。

　　波長是指一個波峰至下一波峰之間的距離，也可以說是波動曲線上兩個連續同位點間的距離。海浪的波長可達數公尺，而池塘漣漪的波長則以公分來計算，光的波長更短了，僅有幾億分之一公分（毫微米）長。

　　用來描述振動快慢的是頻率。譬如搖擺中的單擺，或掛著重物上下振盪的彈簧，在一段時間（通常為一秒）內來回振動的次數，就稱為此單擺或彈簧的頻率。振動一次，叫做一周，如果一秒鐘振動一次，該頻率就稱為每秒一次或每秒一周。如果每秒振動二次，頻率即為每秒二次或每秒二周。

　　頻率的單位叫做赫茲（簡稱赫，Hz），這是在紀念德國物理學家赫茲（Heinrich Hertz, 1857-1894），因為他於 1886 年以實驗證明無線電波的存在。每秒一周就是 1 赫，每秒二周就是 2 赫，以此類推。無線電波的頻率通常很高，是以千赫（kHz，每秒一千周）為單位，更高的頻率使用百萬赫（MHz）甚至十億赫（GHz）為單位。

　　調幅廣播的無線電波使用千赫範圍內的頻率，調頻廣播則在百

喧鬧的蟲子

　　大黃蜂鼓動翅膀的頻率是每秒大約 130 次，製造出頻率爲 130 赫的聲音，而蜜蜂振動翅膀的頻率是每秒約 225 次，產生 225 赫的高音調聲響。蚊子惱人的嗡嗡聲的音調更高，這是因爲蚊子振翅的頻率高達 600 赫的緣故。這些聲音是由於翅膀的振動使氣壓產生變化而發出的。

▲圖 25.4
無線電台的發射天線上由電子振動而產生無線電波。在調幅收音機的儀表板上標示為 960 千赫的電台，天線上的電子為每秒鐘振動 960,000 次，以產生 960 千赫的無線電波。

萬赫的範圍；雷達和微波爐也是使用無線電波，其頻率更高達十億赫的範圍。舉例來說，在調幅收音機上指示著 960 千赫的電台，就是使用頻率爲每秒振動 960,000 次的無線電波來廣播的；又如調頻 101 百萬赫（俗稱 101 兆赫）的電台，所使用的無線電波頻率則爲 101,000,000 赫。這些無線電波的頻率（簡稱「射頻」），也就是廣播電台發射天線上電子振動的頻率。

　　任何波的波源都有物體在振動，而且波源振動的頻率與所生成波的頻率相同。

　　振動的頻率如果已知，該振動的週期就可據以計算出來，反之亦然。例如一個單擺，每秒來回擺動二次，頻率即爲 2 赫，那麼來回一次的時間就是 1/2 秒，亦即週期爲 1/2 秒；同理，如果擺動的頻率是 3 赫，週期即是 1/3 秒。頻率與週期互爲倒數，因此可以用下列數學公式來表達：

$$頻率 = \frac{1}{週期}$$

或者是反過來：

$$週期 = \frac{1}{頻率}$$

❓ Question

1. 已知一 100 赫的波，它的頻率是每秒振動多少次？
2. 如果芝加哥的西爾斯摩天大樓來回搖擺的頻率約為 0.1 赫，那麼振動的週期是多少？

25.3 波動

大多數的資訊是以某種形式的波傳送到我們周圍。聲音，是經由一種波傳送到我們耳朵的能量，而光，則是經由另一種波（電磁波）傳送到我們眼睛的能量。收音機和電視機所接獲的信號，也是經由電磁波傳送的。

▲ 圖 25.5
當我們上下搖動繩子時，所製造的擾動會沿著繩子前進。

能量是從振動的源頭經由波的傳送而抵達接受器的，其間的過程並不需要任何物質的轉移。我們把繩索的一端固定在牆壁上，另一端拿在手上拉直之後再上下搖動（如圖 25.5），繩索就會產生一種有韻律的擾動，自手上的一端，沿著繩子經過每一部分，將擾動傳遞到牆上的那一端。擾動沿著繩索前進，但繩索本身並未前進。

Ⓐ Answer

1. 100 赫的波，每秒振動 100 次。

2. $週期 = \dfrac{1}{頻率} = \dfrac{1 \text{ vib}}{0.1 \text{ Hz}} = \dfrac{1 \text{ vib}}{0.1 \text{ vib/s}} = 10 \text{ s}$

因此，振動一次需時 10 秒。

造波

　　如果在紙上用粗筆不停地上下畫直線，同時在水平的方向迅速移動這張紙，就可畫出一條近似正弦曲線的曲線，而且這條正弦曲線會有一特定的波長。現在請想想看，假如你把紙張移動的速率加快，畫出來的波長會產生什麼變化？再來，在一個裝了水的水盆裡，用手指反覆點水面，就會產生一圈圈的圓形波。那麼請問，如果手指點水的動作加快，波紋的波長是增大、減小，或是不變呢？

▲圖 25.6
靜水上的圓形波紋

　　丟一塊石頭到平靜無波的水塘中，可看見以落石點為中心，產生向外擴展的圓形波紋，向外傳播出去的是擾動，而不是池水，因為當擾動通過之後，水還是在原來的地方沒有移動。

　　如果你在房間的一頭，有人在房間的另一頭對你講話，越室而來的是聲波，是空氣中的擾動，空氣分子並未像風吹時一般，隨著聲音流動過來。空氣就如前面所舉的繩索與池水一樣，都是傳送波能量的介質。將能量從振動波源傳送到接受器的，是透過介質中的擾動，而不是經由介質中的物質從一個地方移動到另一個地方。

25.4 波速

　　攜帶波的介質決定波的行進速率，例如聲波，在空氣中傳送的速率約介於330公尺／秒至350公尺／秒之間（視氣溫而定），在水

中則快差不多四倍。不過，無論在哪種介質之中，波速、頻率與波長三者間的關係是不變的。假設你眼睛盯在水面上的一個定點，觀察經過這個點的波，如果計算每秒有多少個波峰經過該點（即頻率），同時估計兩個波峰之間的距離（即波長），那麼你就可以算出某個波峰在一秒內移動的水平距離。

　　舉例來說，假設每秒鐘有二個波峰通過一定點，而波長為3公尺，那麼就有2×3公尺的波於1秒內通過，所以波每秒移動的距離為6公尺。我們可以用數學公式表達成：

$$波速＝頻率×波長$$

或者用符號寫成：

$$v = f\lambda$$

式子中的v代表波速，f代表頻率，λ（希臘字母，唸做lambda）代表波長。無論是水波、聲波、無線電波或是光波，統統具有這種關係。

　　下頁的表25.1列舉了聲音在同溫度空氣中的幾種不同的頻率與相對應的波長。注意，在表中每一列，頻率與波長的乘積都是340公尺／秒。在音樂會中，你不會先聽到樂器合音當中的高音，然後才聽到低音，而是所有樂器共同發出的聲音同時抵達你的耳朵。從表25.1你可以看到，低頻率聲波的波長較長，高頻聲波的波長較短。頻率與波長成反比，於是所有聲音的波速都相同。

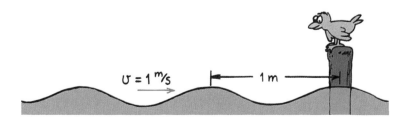

◀圖25.7
如果波長為1公尺，且每秒有一個波經過鳥站著的木柱，那麼波速就是1公尺／秒。

表25.1　聲波		
頻率（赫）	波長（公尺）	波速（公尺／秒）
160	2.13	340
264	1.29	340
396	0.86	340
528	0.64	340

計算範例

如果一列火車駛過，每秒鐘有2節車廂通過你的面前，且每節車廂長10公尺，請問火車的速率是多少？

這問題可以用兩種方式來解答，一種是《觀念物理》第1冊第2章的方式，一種是第25章的方式。

第2章的方式是：

$$v = \frac{d}{t} = \frac{2 \times 10m}{1s} = 20 \text{ m/s}$$

上式中的d，是火車在t秒內通過你面前的長度。

但在本章，我們把火車看成一連串的波動，每節車廂等於一個波，而波長就是車廂的長度10公尺，頻率即為2赫。於是：

$$波速 = 頻率 \times 波長$$

$$= 2 \text{ Hz} \times 10 \text{ m} = 20 \text{ m/s}$$

物理的奧妙之一，是當我們用兩種不同的方式看事物時，所得到的結果是一樣的；倘若結果不一樣，計算過程也沒有出錯，那麼其中一種（或兩種）很可能不正確。

1. 如果水波每秒振動 2 次，其波峰間的距離是 1.5 公尺，請問這水波的頻率是多少？波長是多少？波速又是多少？

2. 當空氣中的聲速為 340 公尺／秒時，頻率為 340 赫的聲波波長是多少？

25.5　橫波

如圖 25.8 所示，假使你手握繩子的一端上下抖動，製造一個沿著繩子前進的波動，此時繩子的上下運動（如圖中箭頭所示），與波行進的方向相互垂直。凡是介質（這裡就是繩子）運動的方向與波的行進方向互相垂直的波，就叫做橫波。

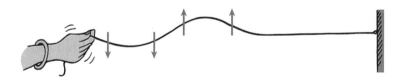

▲ 圖 25.8　橫波

1. 水波的頻率為 2 赫，波長為 1.5 公尺，而波速應為頻率×波長＝ 2 赫× 1.5 公尺＝ 3 公尺／秒。

2. 由於聲波的頻率為 340 赫，所以波長應該是 1 公尺，這樣一來，波速＝ 340 赫× 1 公尺＝ 340 公尺／秒。

琴弦振動時造成的波，及水面上的水波，這些都是橫波，我們在第27章會談到的電磁波，包括無線電波與光波，也是橫波。

25.6　縱波

　　並非所有的波都是橫波。介質中的質點來回振動的方向，有時會與其中波的前進方向相同；換句話說，當質點的運動方向與波的前進方向不是互相垂直，而是互相平行時，這種波就稱爲縱波。

　　橫波與縱波都可以用一種軟彈簧來示範，如圖25.9所示。倘若上下抖動軟彈簧的一端，就產生出橫波；如果連續拉伸壓縮，製造出來的就是縱波，這時我們可以清楚看到，介質振動的方向與能量傳播的方向平行。聲波是縱波，這部分我們在下一章會討論。

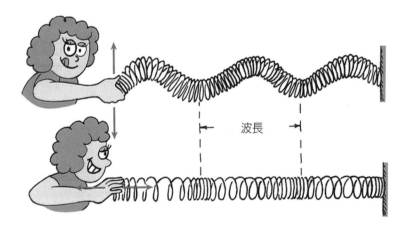

▲圖25.9

兩種波動都是自左向右傳送能量。當上下抖動軟彈簧的一端時（上），就產生一種橫波；把軟彈簧做伸縮運動時（下），就可看到縱波。

25.7　干涉

　　像石頭這種東西，根本不可能與另一塊石頭共享相同的空間，但是對振動或波動來說，同一時間裡卻能有不只一種占據在同一個空間內。如果我們同時扔兩顆石頭進水池，它們所產生的波紋會重疊而呈現干涉圖樣，有加強、減弱，甚至互相抵消等效應。

　　當一組波的波峰，與另一組波的波峰疊合時，振幅會相加而變得更大，這種效應叫做相長干涉，它使波的強度加大了（圖25.10之上半圖）。相反的，當波峰與波谷疊合時，凸出的部分正好填入下凹的部分，波峰和波谷相互抵消了，這就叫做相消干涉（圖25.10之下半圖）。

　　從水波上最容易看到干涉現象。次頁的圖25.11（右）是由兩支振動的小棍點入水面，所產生的兩組水波的干涉圖樣。向外呈輻射狀的灰色直線，是一組波的波峰與另一組波的波谷抵消成零振幅的地帶，在這些地帶上的點，兩組波抵達時正好步伐錯開，我們稱兩組波互為異相。亮的地帶是波峰與波峰的相疊之處，暗的地帶是波谷與波谷疊合之處，在這些亮暗相間的地帶，兩組波抵達時的步伐

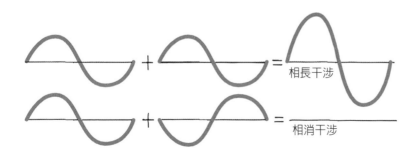

相長干涉

相消干涉

◀圖25.10
橫波的相長干涉（上）
與相消干涉（下）

相同，就稱爲同相。

在兩張透明紙上畫許多同心圓，再將這兩張紙相疊合，就可以清楚看到干涉圖樣。在疊合時，如果把兩張紙上同心圓的圓心稍微錯開，顯現出來的圖形就是所謂的疊紋圖樣，這和水波（或任何一種波）的干涉圖樣非常近似。其實，將上下任一張透明圖紙稍微移動一下，產生的圖樣都會明顯發生變化。如果你手邊正好有兩張透明圖紙，一定要親自試一下，看看這種圖形變化。

無論是聲波、水波，還是光波，所有的波動都有干涉的特性。下一章我們會討論聲波的干涉，在第 31 章再討論光波的干涉現象。

25.8 駐波

若把繩子的一端固定在牆上，手執另一端上下擺動，可以使繩子產生波動。在牆上的繩端固定不動，所以波到達之後就被反射，沿著繩子傳回到你的手上，途中與入射波（原來的波）相遇而擾亂

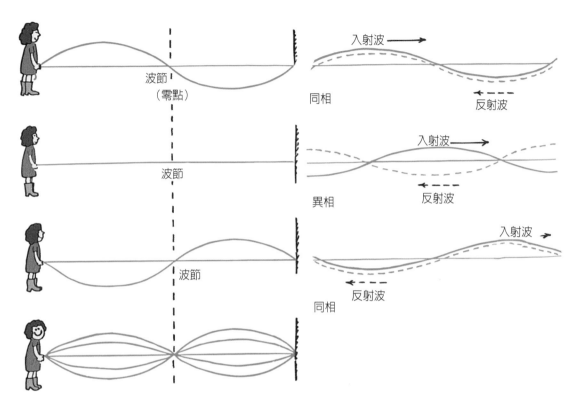

▲ 圖 25.12

由入射波與反射波的干涉而生成的駐波，靜止不動的地方就是波節所在。

了波動。如果你的手搖動得當，入射波與反射回來的波會配合造成駐波。駐波的某些部分永遠靜止不動，稱為波節。

　　有趣的是，你若將手指放置於波節的上方或下方，繩子不會碰到你的手指，但放置在其他位置時，繩子就會碰到手指。繩子擺動幅度最大的位置，叫做駐波的波腹，位在相鄰兩波節的中點。

駐波也是一種干涉的現象。當兩組波具有相同的振幅及波長，相向而過時，必定會在異相的位置（也就是穩定的相消干涉地帶）產生波節（前頁的圖25.12）。

用不同的頻率來搖動繩子，可以製造出許多不同的駐波，其中最容易產生的，就是緩慢搖動所造成的單一節段的駐波（圖25.13上）。如果你一次又一次地將頻率加倍，會看見更有趣的波動。

圖25.13 ▶
（上）搖動繩子，製造出只有一個節段的駐波（繩長等於 $\frac{1}{2}$ 個波長）；（中）將搖動繩子的頻率加倍，駐波就有兩個節段（繩長等於波長）；（下）搖動繩子的頻率變為原先的三倍，此時駐波就有三個節段（繩長等於 $1\frac{1}{2}$ 個波長）。

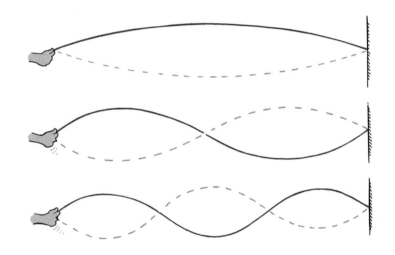

⑦ Question

1. 一個波有沒有可能與另一個波完全抵消，而導致兩個波合成起來的波振幅為零？

2. 如果你製造了如圖25.13（下）的駐波，共有三個節段，記下你搖動繩子的頻率。接著你再以原來頻率兩倍的新頻率搖動繩子，你造成的新駐波會有幾個節段？繩長等於幾個波長？

Ⓐ **Answer**

1. 有可能，而且這就是相消干涉。以繩子上的駐波為例，波節
   處的振幅就為零。

2. 如果新頻率是舊頻率的兩倍，新駐波的波節數也是原來駐波
   的兩倍，因此你的新駐波有六個節段。又因為一個波長有兩
   個節段，所以繩長應該等於三個波長。

　　演奏弦樂器時，是在使琴弦產生駐波，而演奏管風琴時，會使
管中的空氣產生駐波。甚至當我們以口吹汽水瓶發出聲音，也是振
動瓶內的空氣，造成駐波。無論橫波或縱波，都能產生駐波。

▼圖25.14
小蟲子在固定位置上踏水，產生
一圈圈的圓形水波。

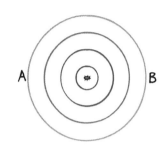

25.9　都卜勒效應

　　設想在一泓靜水的中央，有一隻小蟲不停地划水，如圖25.14所
示。如果小蟲只是在固定位置上踏水，絲毫沒有移動身體，那麼牠
所產生的波紋，由於向四周傳播的波速相同，故成為一圈圈的同心
圓。又如果小蟲子踏水的頻率不變，一圈圈波紋間的距離（即波長）
也就不變。圖中A點與B點受到波的擾動的頻率一樣，換言之，小
蟲周圍的水面上任何一點，都如A點及B點一樣，有相同的波動頻
率，而這也就是蟲子划水的頻率。

　　再來，假設小蟲划動前進，而且前進的速率比牠產生的波速要
慢。結果我們會看到小蟲子追逐牠前面的波紋前進，波紋的圖形不
再是同心圓了（如圖25.15所示）：最外圈的波紋是最先在那圓圈中
心時產生的波，其內較小的一圈，則是小蟲前進到該圓圈中心時划

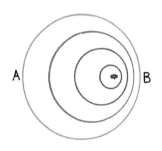

▲圖25.15
小蟲子在平靜水面上前進，產生
的水波圖樣。

出來的波，依此類推。各圈波紋的中心會沿著小蟲的前進方向移動，雖然牠划水的頻率一直不變，但在 B 點的觀測者，會覺得波峰傳來得更頻繁，也就是 B 點接受到的波有比較高的頻率；其中的原因在於，抵達 B 點的波，相鄰兩波峰間的距離愈來愈短，所以波動到達 B 點的頻率，比小蟲子停在原處、而非游向 B 點時要高。

相反的，在 A 點觀測時，因為前後波峰抵達該點的時間間隔增加，接受到波的頻率就降低了。由於小蟲子離觀測點愈來愈遠，每個波峰都要比前一個波峰多走些距離才能抵達該點，因此在 A 點接受波峰的次數也就不那麼密集。這種因為波源（或接受器）的運動導致頻率改變的現象，叫做都卜勒效應；該效應的命名是為了紀念奧地利科學家都卜勒（Christian Doppler, 1803-1853）。波源的速率愈快，都卜勒效應就愈大。

水波只能在二維的平面擴張，聲波及光波則在三維空間擴張，像氣球般向四面八方膨脹。正如前面的例子，在水面上划行的小蟲子使前方圓形波的波峰變得更密，聲波及光波也一樣，運動中的波源也會讓前方的波峰比較密集，使得波源前方的接受器收到的頻率比波源後面收到的要高。

如果有輛汽車按著喇叭從你身旁經過，你會聽到喇叭的音調明顯發生變化，這就是都卜勒效應。汽車向你接近時，喇叭的音調比

圖 25.16 ▶
聲波的波源衝向你的時候，音調較高，而當波源離你而去時，音調較低。

正常的高，因爲你接受到較高頻率的喇叭聲；汽車掠過身旁離你而去的時候，喇叭聲波到達你耳朵的次數比較稀疏，頻率減小，所以音調變低。

　　高速公路上的警察就是利用雷達波的都卜勒效應，來測車速。雷達波是一種電磁波，頻率比光波的頻率低，但比無線電波高。警察將雷達波射向快速移動的車輛，再把反射波接收回來，由雷達儀器中的電腦將射出的雷達波與反射波之間的頻率加以比較，就可算出雷達系統與目標車之間的相對速率，即能決定目標車的速率（圖25.17）。

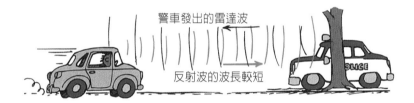

警車發出的雷達波

反射波的波長較短

◀圖 25.17
利用雷達波的都卜勒效應，警察可以測量高速公路上來往車輛的車速。

　　光波也會發生都卜勒效應。光源向接受器前進時，測到的光波有較高的頻率，而當光源離開時，測到的頻率會變低。頻率增加叫做藍向移位（簡稱藍移），因爲光譜中藍光的頻率較高，反之，頻率減少的現象叫做紅向移位（簡稱紅移），因爲紅光的頻率較低。

　　舉例來說，遙遠星系射到地球來的光呈現紅移現象，天文學家可測定移位的大小，藉此計算出這些星系遠離地球的速率；此外，一顆疾速自轉的恆星在轉離地球的那一面是呈現紅移現象，而在轉向地球的那一面呈現藍移，我們也可以用觀測到的數值，計算該恆星的自轉速率。

25.10 船頭波

波源在介質中前進時，如果前進的速率與它所產生波動的波速
一樣快的話，我們就會看到一些有趣的現象。假設前例中小蟲子划
水前進時，游泳的速率與牠划動產生的波的波速一樣，那麼牠的位
置就會和波的前沿保持一致。波峰不是在小蟲的前面擴散出去，而
是在牠的頭部累積起來。如圖25.18所示，小蟲子與最前面的波紋同
時並進。

飛機的飛行速率到達音速時，也發生了同樣的情況。在噴射機
的發展初期，一般人相信飛行速率的增加，會使飛機前方累積起來
的聲波逐漸構成所謂的「音障」，因此速率如果要超越音速，飛機必
須「衝破音障」才行。但是後來發現，累積起來的波峰實際上是擾
亂了機翼上下的氣流，使飛機在接近音速時發生比較難控制的現

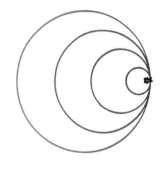

▲圖 25.18
小蟲子的划行速率跟水波波速一
樣快時，所產生的波形。

A Answer

不變大也不變小！波源運動時，發生變化的是頻率，不是波
速。我們必須將頻率跟波速分清楚：波的振動快慢，與波在兩
點間傳播的快慢，是全然不同的兩件事。

象，並不構成真正的障礙。我們看到快艇輕易地以超越水波波速的速率疾駛，同理，飛機若有足夠的推進力，也能輕易地以超越音速的速率飛行——這就叫做超音速，意思是「比聲音還快」。飛機在超音速飛行時，因為聲波傳播不到飛機的前面擾動空氣，所以會很平穩地飛翔；同樣的，小蟲子若游得比水波的速率快，就可以一直在毫無漣漪的水面游泳。

在理想的情形下，當小蟲子的游泳速率大於波速時，會產生如圖 25.19 所示的圖形。此時，小蟲游在自己產生的波峰之先，這些波的一圈圈波峰在邊緣相交，若將這些交會的點連接起來，會成為一個 V 字形，這個形狀的波就叫做船頭波。快艇劃過水面時，常出現這種船頭波，就是由許多圓形波的波峰相疊而成的一種波形。

次頁的圖 25.20 顯示的是移動快慢不同的波源產生的幾種波形。請注意，在波源的速率超過波速之後，速率愈快，形成的 V 字形愈窄。

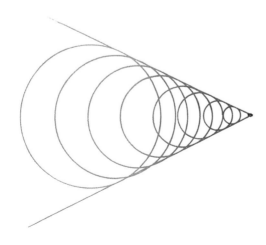

◀圖 25.19
小蟲子的划行速率比水波的波速快時，所產生的波形。

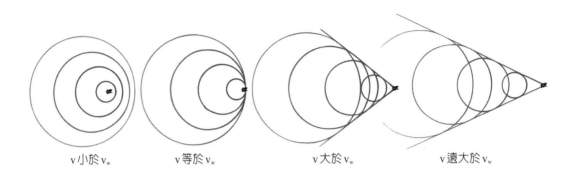

v小於 v_w　　v等於 v_w　　v大於 v_w　　v遠大於 v_w

▲圖25.20　小蟲愈游愈快所造成的各種波形。只有波源（小蟲子）移動的速率 v 超過波速 v_w 時，圓形波的邊緣才會重疊。

25.11　衝擊波

我們比較一下在水面上行駛的快艇，和在空中飛行的超音速飛機：快艇劃過水面，產生的是二維空間的船頭波，超音速飛機則產生一種相似的三維空間衝擊波（又稱激震波）。船頭波是重疊圓形波峰的邊緣而成 V 字形，而衝擊波則是重疊球面波峰的邊緣而成一圓錐。快艇的船頭波向外擴展，直到抵達湖岸邊，而超音速飛機產生的圓錐形衝擊波，則經空中傳播到地面。

如果你在岸邊看快艇在湖裡飛馳，它的船頭波會把湖水濺到你身上，你可以說被「水爆」濺到了。同樣的，超音速飛機後方受壓縮的空氣形成的圓錐形衝擊波，也會傳到地面上的人的耳朵，聽起來是尖銳的爆裂聲，就稱爲「音爆」。

低於音速的飛機不會引起音爆，因爲所發出的聲波波峰是一波

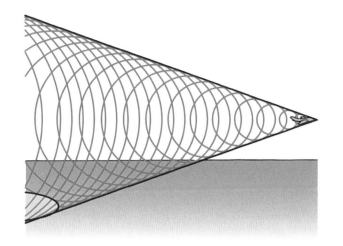

◀圖 25.21
超音速飛機造成的衝擊波

接一波地傳送到耳朵，所以你聽見的是一種連續的聲音。唯有當飛行體的速率超過音速時，使聲波疊合，你才會聽到一聲巨響。這種氣壓的突然加強，與爆炸時突發的空氣膨脹，效果是一樣的，都使人聽見高壓空氣的一聲巨響，而人的耳朵分辨不出這巨響是來自爆炸的高壓，或是來自聲波疊積而生的高壓。

　　一般人誤以爲只有在飛機衝破音障的瞬間，也就是飛行速率超過音速的一剎那才有音爆，這就相當於說「快艇只有在剛超過它自己產生的水波時，才會產生船頭波」一樣不正確。事實上，快艇後方繼續不斷有船頭波擴散，同樣的，飛機超越音速之後，所產生的衝擊波與伴隨的音爆現象也會持續跟在後方掃過。如圖25.22所示，位於 B 點的人正聽見一聲音爆，在 A 點的人已經聽過了，而在 C 點的人馬上就會聽到。這架飛機可能早在幾個小時前，就穿過音障了！

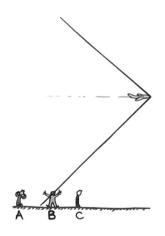

▲圖 25.22
衝擊波還沒有碰到位於 C 點的人，它剛剛到達 B 點，而且已經通過 A 點了。

運動中的波源不一定要先發出聲音，才產生衝擊波；物體的運動速率一旦超過音速，就會製造聲音。子彈以超音速從頭上飛過，會發出爆裂的聲音，就是一種小型的音爆，如果子彈很大，飛行途中擾動很多空氣，發出的爆裂聲就更像音爆。抖動濕毛巾的時候，毛巾末端的速率如果超過音速，也能製造出迷你音爆。馬戲團的馴獸師揮舞鞭子時的霹啪聲，事實上就是鞭子尖端在空中劃過的速率超過音速時，所製造出來的音爆。這些子彈、毛巾、鞭子，本身都不是發出聲音的聲源，但是它們以超音速運動時，周圍的空氣發生了波動，而製造出聲音。

　　有一件關於聲音的事情你該小心：大家都知道直視太陽會傷到眼睛，但是許多人不知道，置身於過度響亮的聲音或音響當中，同樣會使耳朵受到損害。若是你所待的房間裡音樂太大聲，就學學我——離開吧！如果你實在太喜歡房間裡的音樂，或是你正和幾個朋友相談甚歡而不想離開，那就留下來，但是請戴個耳塞。當你是在愛護耳朵，像愛護眼睛一樣時，你絕對不是個「肉腳」。

觀念一把抓

觀念摘要

振動是隨時間進行的擺動，波是隨時間進行且在空間傳播的擺動。

◆ 波的週期是完成一次來回擺動所需的時間。

◆ 波長是波上相鄰兩個位置相同點之間的距離。

◆ 波將能量從振動波源傳送至接受器，但不傳送物質。

◆ 頻率，即一段時間內的振動次數，乘上波長之後就等於波速。

介質振動的方向與波傳播方向垂直的波，叫做橫波。

◆ 光波、無線電波等電磁波，都是橫波。

介質振動的方向與波傳播方向平行的波，叫做縱波。

◆ 聲波是一種縱波。

當不同波源的波，於相同時間到達同一地點時，會產生干涉圖樣。

◆ 相長干涉是指波峰與波峰疊合，或波谷與波谷疊合。

◆ 相消干涉是指波峰與波谷疊合。

◆ 在駐波當中，構成完全相消干涉的點（介質處於靜止不動的那些點）會保持在同一個位置上。

都卜勒效應是由於波源移近或遠離接受器的移動，使接受器接收到的頻率發生變化的現象。

當物體在介質中移動的速率，比波在介質中的速率快時，物體的後方就會出現船頭波或衝擊波。

重要名詞解釋

波　wave　一種在時間與空間中的擺動；在空間和時間中做規律重複的擾動，能在介質中從一處前進到下一處，但並不是在真正運送介質。（25.0）

振動　vibration　一種振盪，在平衡點附近做重複的來回運動。（25.0）

週期　period　單擺來回擺動一次所需的時間；廣泛的說，就是完成一周所需的時間。（25.1）

簡諧運動　simple harmonic motion　一種週期運動；運動中物體的加速度，與自平衡位置至物體的距離成正比，方向朝向平衡位置。（25.2）

正弦曲線　sine curve　一條形狀代表波峰和波谷的曲線，可以藉由一個擺動中的單擺落沙到移動中的輸送帶來描繪。（25.2）

振幅　amplitude　從波的中間點到最高點（波峰）的距離，或是從中間點到最低點（波谷）的距離。（25.2）

波峰　crest　波當中的最高點或擾動最大的點。（25.2）

波谷　trough　波當中的最低點或與波峰相反方向、擾動最大的點。（25.2）

波長　wavelength　從波峰的頂點至下一波峰頂點間的距離，或波的相鄰兩相同位置間的距離。（25.2）

頻率　frequency　單位時間內發生事件（比如循環、振動、振盪或

任何能重複發生的事件）的次數，測量的單位是赫（或單位時間多少次）；其倒數就是週期。（25.2）

赫茲　hertz　簡稱赫（符號為 Hz），頻率的國際單位；一赫就等於每秒振動一次。（25.2）

橫波　transverse wave　振動方向與前進方向垂直的波。（25.5）

縱波　longitudinal wave　振動方向與前進方向相同的波。（25.6）

同相　in phase　用來指兩個或多個波的波峰（或波谷）於同一時間到達同一地點，而使得效應互相強化的現象。（25.7）

異相　out of phase　用來指兩個前進的波，其中一個波的波峰抵達某一點時，另一個波的波谷也於同時抵達該點，而互相抵消的波動現象。（25.7）

相長干涉　constructive interference　兩個或多個波合成時，波峰與波峰相疊合，而使合成波振幅變大的一種現象。（25.7）

相消干涉　destructive interference　數個波合成時，其中一個波的波峰與另一個波的波谷相疊合，而使振幅減少的一種現象。（25.7）

干涉圖樣　interference pattern　兩個或多個波同時抵達一個區域時疊合而成的圖樣。（25.7）

駐波　standing wave　某些部分維持靜止不動、且看起來不會前進的波；是入射（原來的）波和其反射波發生干涉的結果。（25.8）

波腹　antinodes　駐波上振幅最大的一段。（25.8）

波節　node　駐波上保持靜止不動的部分。（25.8）

都卜勒效應　Doppler effect　由於波源或受波器的運動，而使波頻率產生變化的效應。（25.9）

藍向移位　blue shift　簡稱藍移，測量一接近光源的頻率時，所測到頻率增加的現象；由於這顯著的增加是向高頻率移動，也就是向

光譜的藍色端移動，故稱為藍向位移。觀測者自己向光源接近時也會發生藍移。（25.9）

紅向移位 red shift 簡稱紅移，測量遠離光源（或其他放射線源）的頻率時，所測到頻率變小的現象。因為變小成較低的頻率即是移向光譜的紅色端，故稱之為紅移。（25.9）

船頭波 bow wave 物體在液體表面移動時，速率大於波速而產生的V字形波。（25.10）

衝擊波 shock wave 物體以超音速穿過流體時，產生的一種圓錐形波。又稱激震波。（25.11）

音爆 sonic boom 超音速飛機產生的衝擊波，在到達聽者時所感受到的刺耳爆裂聲。（25.11）

借題複習

1. (a)隨著時間進行而擺動的運動叫做什麼？

   (b)隨著時間進行、且在空間內傳播的擺動叫做什麼？（25.0）

2. 單擺的週期是什麼？（25.1）

3. 一個單擺完成一次來回振動需時一秒，週期是多少？（25.1）

4. 假如一個單擺的週期是1.5秒，它做一次來回振動需要多久時間？若拿這個單擺與另一個週期是1秒的單擺比較，哪個單擺的長度較長？

5. 正弦曲線與波的關係為何？（25.2）

6. 請說明下列幾個跟波有關的名詞：振幅、波峰、波谷及波長。（25.2）

7. 請解釋振動（或波）的週期與頻率。兩者有何關聯？（25.2）

8. 介質會不會隨著波而傳送？請舉例說明。（25.3）

9. 波的速率與其頻率及波長之間有何關聯？（25.4）

10. 聲波的頻率增加時，波長會增加還是變短？試舉一例說明。（25.4）

11. 請說明橫波及縱波之間的差異。（25.2～25.6）

12. 請解釋相長干涉與相消干涉之間的差異。（25.7）

13. 干涉現象只發生在某些類型的波？還是任何類型的波都會出現此現象？（25.7）

14. 駐波是怎樣造成的？（25.8）

15. 當波源向接受器移動時，接受器所收到的波是頻率變高呢？還是波速增加呢？或者兩者都增加？（25.9）

16. 都卜勒效應只發生在某些類型的波嗎？還是所有類型的波都會發生？（25.9）

17. 小蟲子必須游得多快，才能與它產生的水波保持一致？快艇要行駛多快才能產生船頭波？（25.10）

18. 請說明船頭波與衝擊波之間的差異。（25.10～25.11）

19. (a)音爆是什麼？

(b)飛機要飛多快，才會產生音爆？（25.11）

20. 如果你聽見音爆，是否就能證明有某種飛機在稍早已經超過聲速，變成超音速？請舉例說明你的答案。（25.11）

課後實驗

1. 將橡膠管、彈簧或繩子的一端，綁在一個固定點上，然後如圖25.13所示的方法製造駐波，看看你可做出多少個波節。

想清楚，說明白

1. 已知紅光的波長比紫光長，請問何者的頻率較大？

2. 如果將一個物體的振動頻率變為原來的三倍，它的週期會有什麼變化？

3. 波在一個週期中前進幾個波長的距離？

4. 在第 9 頁的圖 25.6 中，我們可以看到波紋是一個個圓圈。從這裡，你能否判斷這個波在各個方向的波速是怎樣的情形？

5. 如果一個波每秒鐘上下振動兩次，且每秒前進 20 公尺，請問它的頻率是多少？波速又是多少？（最好是在仔細研讀問題之後就回答出來，根本用不著套公式。想想看為什麼。）

6. 天文學家觀測到，來自太陽邊緣 A 點的光，比來自另一邊 B 點的光的頻率稍微高一點，這個觀測結果告訴我們太陽的運動情形是什麼？

7.「都卜勒效應是由波源的運動導致的波速明顯變化」，這叙述是否正確？（這問題除了測試物理知識之外，也測試你在閱讀上的理解力。）

8. 每當飛機在我們頭頂上高空飛過時，聲音聽起來不像從我們看見的飛機位置發出，而是在它的後方發出的，為什麼？

9. 超音速飛機的速率增加時，產生的圓錐形衝擊波會變得更寬、更窄，還是不變？

10. 為什麼低於音速的飛機無論發出多大聲音，都不能產生音爆？

沙盤推演

1. 護士量到你的心臟每分鐘跳動76下，請問心臟的振盪頻率與週期各為多少？

2. 紐約花旗銀行的300公尺高大樓，在風中振盪的週期是6.8秒，試計算其振動頻率。

3. 在一潭水面上，用木棍每秒鐘輕點兩次，且讓相鄰兩水波的間隔為0.15公尺，請計算波速。

4. 若水波的頻率為2赫，相鄰兩波峰距離0.4公尺，波速是多少？

5. 已知我們的聽覺能聽見的最低頻率是20赫，聲波的傳送速率是340公尺／秒。請計算這個頻率的聲波波長是多少英尺？

實戰演練

1. 小文在海灣的碼頭上觀察海浪，他注意到在30秒鐘之間有10個波峰在面前經過，此外他也注意到，相鄰兩波峰正好位在兩根相距5公尺的柱子的位置上。請問海浪的振動週期、頻率、波長與波速各為多少？

2. 如果一個波每秒鐘來回振動三次，波長為2公尺，請問它的頻率、週期與速率各為多少？

3. 無線電波都是以光速（300,000公里／秒）前進的電磁波，請問在你的收音機上指著100百萬赫的FM電台所收到的無線電波，波長為多少？

4. 已知紅光的波長約為700毫微米，也就是7×10^{-7}公尺。從金屬表面反射出來的紅光的頻率，和金屬內產生紅光的電子振動頻率相同，請問這頻率是多少？

第 26 章

聲　音

假設有個房間裡裝滿了乒乓球，房間的中央懸吊一把很大的球拍，現在若把球拍前後搖動，會發生什麼情況？當你把球拍向右揮，一些球會被你打往右方，而這些球又會碰撞到另外一些球，而把它們打向右方，然後被打到的這些球又會……依此繼續下去，你就製造了一種越過房間的「乒乓球漣漪」。重複向右揮動球拍一次，就會有第二波乒乓球漣漪跟隨在第一波後面；繼續不斷地揮動球拍，乒乓球漣漪就繼續不斷地發生。你所做的，就是在製造一種縱波：乒乓球波動的脈衝傳送到房間的另一頭時，其頻率跟你揮動球拍的頻率一樣。

空氣的分子就像這些小乒乓球。若在房間的中央用橡皮錘敲一下音叉，你猜會發生什麼情況？答案是，音叉周圍的空氣分子開始運動起來，就如同小乒乓球被球拍打到似的，產生了無數的縱波在空氣中傳播開來，頻率與音叉的振動頻率相同，傳進我們耳中就成為聲音。揮動球拍來碰撞乒乓球，與音叉振動來碰撞空氣分子，兩者之間並沒有什麼差異──兩者都是藉由周圍的介質（乒乓球或空氣），把振動傳開。

▲圖 26.1
在很多乒乓球中揮動球拍，乒乓球就會把有韻律的波動傳開。

26.1　聲音的起源

每一種發聲的方式都是先有聲源的振動，再引發較大或較重的物體振動，例如弦樂器的共鳴板、簧片或管樂器內的空氣柱，或者歌唱家喉頭及口腔內的空氣。接著，這個振動的物體就把擾動以縱波的形式，傳送到周圍的介質中（通常是空氣）。在一般正常的情況下，振動波源的頻率跟製造出的聲波的頻率相同。

所有聲音都是由物體的振動而產生的：對鋼琴、小提琴或吉他來說，聲波是由弦的振動引起；薩克斯風是由簧片的振動而發聲，長笛藉用口吹使笛管空氣柱顫動；人的聲音則是聲帶振動的結果。

我們用「音調」一詞，來描述我們對聲音頻率的主觀印象。像短笛所發出的高音調聲音，振動頻率就很高，而號角發出的低音調聲音振動頻率很低。

年輕人耳朵所聽見的頻率約介於 20 至 20,000 赫，人老的時候，聽覺範圍會縮小，特別是高頻的部分。頻率低於 20 赫的稱為次聲波，高於 20,000 赫的稱為超聲波，這兩種聲波人耳都聽不見。

26.2　空氣中的聲波

你拍一拍手，就會產生脈波向四周傳播。脈波使空氣振動的情形，就類似振動一個軟彈簧的情形，空氣中的每個粒子，都會沿著波動的擴張方向來回運動。

▲圖26.2
沿著彈簧前進的稠密部

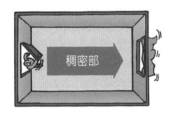

▲圖26.3
（上）當房門打開時，稠密部穿越房間；（下）當房門關閉時，稀疏部穿越房間。

如圖26.3所示，在一長形房間的一頭有扇打開的窗子，上面掛著窗簾，而另一頭則有一扇門。我們現在利用這個圖，來解釋聲音傳播的過程，讓各位有更清楚的了解。

當你迅速把門打開（上圖），你可以想像門會推動旁邊的空氣分子，使它們擠進鄰近的空氣分子之中，使鄰近的空氣分子又向緊鄰的分子壓縮，逐步相傳，就像一個壓縮波沿著彈簧傳送下去，直到窗簾飄出窗外。這是一個受壓縮空氣所形成的脈波，從門口傳送到窗口，就叫做稠密部。

相反的，當你迅速關上房門（如下圖所示），門將鄰近的空氣分子推出房間，這使得房門附近產生低壓區域，於是緊鄰的空氣分子填進這區域裡，然後又在它的背後留下低壓區域，我們稱這低壓地帶的空氣「變稀疏」了。接著，離門稍遠的空氣分子輪流填進這些

變稀疏的區域裡，造成一個稀疏空氣的脈波自房門傳到窗簾。看見窗簾向房內飄，證明低壓的空氣抵達窗簾，而這種形式的空氣擾動就叫做稀疏部。

　　所有的波動都是在傳送脈波，而不是傳播介質。上述的兩種狀況中，脈波都是從房門傳送到窗簾，這是因為我們先看見房門打開或關閉，然後才看到窗簾向外或向內飄。

　　如果你以一定的週期開門和關門，就可製造週期性的稠密部與稀疏部，使窗簾向內外輪番飄動。倘若將動作縮到很小，且將動作加快，就相當於敲擊音叉時發生的情形了。比起房門開關的情形，音叉的振動及其產生波動的頻率要高得多，而振幅則小得多。對於窗簾的飄動，你感受不到聲波的效果，但是當聲波接觸到敏感的鼓膜時，你就會充分感受到波動的存在。

　　我們來看看圖26.4所示的聲波；為了簡化，圖上只顯示波在管中傳送的情形。當音叉的尖端振動向管口時，一個稠密部進入管中，而當它往回振動時，就產生一個稀疏部，跟在稠密部後方進到管中。這就和前面描述的「在滿屋子乒乓球的房間內來回揮打乒乓球拍」例子一樣，聲源振動時，就會產生一連串稠密部及稀疏部。

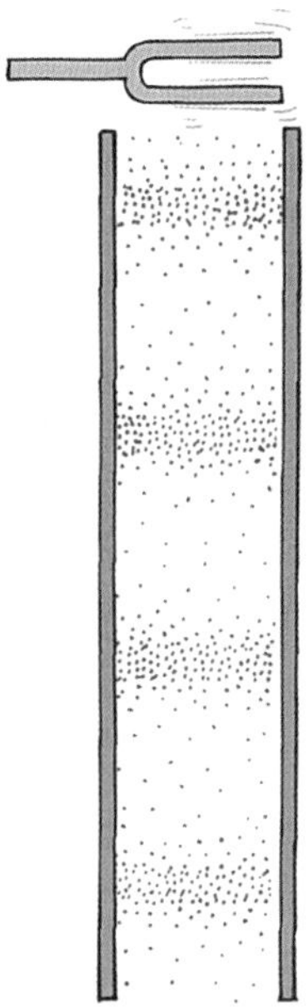

▲圖26.4
從音叉傳入管中的稠密部和稀疏部

26.3　傳播聲音的介質

　　你所聽見的聲音大多是經由空氣傳播的，但除此之外，聲音也能經由固體和液體來傳播。美國的印第安人將耳朵緊貼著地面，可以聽見遠方的馬蹄聲自地面上傳來，而且比你從空氣中要早聽見。做個更實際的實驗，如果把耳朵貼在金屬籬笆上，請你的朋友在遠

處敲打籬笆，你會發現聲音在金屬中傳播時，比在空氣中傳播得更快而且更響亮。

　　或是把頭埋入水裡，然後在水裡敲打兩塊石頭，你會聽見非常清脆的敲打聲。如果你曾經在有馬達推動的小艇附近游泳，你大概也已經注意到，在水中聽見的馬達聲要比在水面上清楚得多。固體和液體的傳聲效果，通常比空氣為佳。聲速在不同的物質中並不相同，一般而言，聲音在液體中傳送得比在氣體中快，而在固體中則更快。

　　聲音在真空中不能傳播（圖26.5），聲音的傳播要靠介質。若沒有東西被壓縮和膨脹，就不會產生聲音；雖然仍有可能產生振動，可是沒有介質，就發不出聲音。

▲圖26.5
鐘罩內如果有空氣，就可以聽見鈴聲，若把鐘罩抽成真空，就聽不到鈴聲了。

26.4　聲速

　　你有沒有下面這個經驗：你看到遠距離外有個人在砍柴或錘打釘子，卻注意到敲擊聲需要一點時間才會到達你的耳朵？你先看見敲擊，然後才聽見敲擊聲。這種現象在閃電和打雷的時候最為明顯了：你看見閃電之後才會聽見雷鳴（除非你身在雷擊的發生地）。這些經驗都是聲波遠比光波慢的證據。

　　在乾燥的空氣和0°C的氣溫中，聲速約為330公尺／秒或1200公里／小時，大概是光速的百萬分之一。空氣中的水汽會使聲速略為增加，氣溫的增加也會，稍微思考一下，各位就能明白其中的道理：溫暖空氣中的分子運動加快，使分子間的碰撞相對增加，所以傳送脈波所花的時間就減少了。在0°C以上，空氣溫度每增加1°C，

? Question

如果你注意到雷聲比閃電晚了3秒鐘，這雷擊離你多遠？

聲速就加快0.6公尺／秒，因此在大約20°C的室溫下，空氣中的聲速約為340公尺／秒。

在一般物體內的聲速，不是由物體的密度來決定，而是由它的彈性來決定。所謂彈性，是指物體受外力作用而變形，並在外力消失後恢復原形的能力。鋼鐵有很好的彈性，蓋房子用的油灰卻不具彈性。（鋼鐵被認為有彈性，油灰卻沒有彈性，這可能使你覺得驚訝，畢竟在一般人的觀念裡，易於拉伸的材料被稱為「有彈性」，而顯然的，油灰比鋼鐵容易拉伸。可是「彈性」的真正定義，並不是「可拉長的能力」，而是材料在受到外力作用產生形變之後，再恢復原來形狀的能力。因此，有一些很堅硬的材料是有彈性的！）

在具彈性的物質中，原子的排列比較密集，所以對於彼此之間的運動反應較快，在傳送能量時損失較小。聲波在鋼鐵中傳送的速率，是空氣中的十五倍左右，而在水中大約是在空氣中的四倍。

A Answer

若以聲速340公尺／秒來計算，距離就等於(340m/s)×(3s)＝1020m；但光速太快，所以傳送閃電的時間可以忽略，因此雷擊差不多離你一公里遠。

表26.1	
聲源	響度（分貝）
30公尺處的噴射引擎	140
耳膜開始感到刺痛	120
大聲的搖滾樂	115
老舊的地下鐵列車	100
一般的工廠	90
交通繁忙的街道	70
正常的演說	60
圖書館內	40
低聲細語	20
正常呼吸	10
可聽到的最弱聲音	0

26.5　響度

　　聲音的強度，與聲波振幅的平方成正比，可用儀器（如圖 26.6 的示波器）來客觀測量。

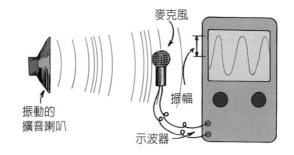

▲圖 26.6

在左方的擴音喇叭上，紙筒隨著電流訊號的節奏振動，而喇叭發出的聲音，使位於中央的麥克風感受到同樣的振動，這振動便顯示在右方的示波器螢幕上；螢幕上的波形代表聲音訊號。

但另一方面，響度是人腦感覺到的生理刺激，乃是因人而異。響度雖是主觀感覺，還是和聲音的強度有關。除去主觀上的差異，響度差不多是隨著強度的對數值而變化。聲音響度的單位是分貝（decibel, dB），以電話發明人貝爾（Alexander Graham Bell, 1847-1922）來命名。表26.1列舉了一些常見的聲源和聲響強度。

若以正常耳朵的聽覺做為零點，每增加10分貝，就相當於聲音強度增加為10倍。因此，響度為10分貝的聲音，強度是0分貝的10倍；20分貝的強度，是10分貝的10倍，不是2倍，而且是0分貝的100倍；依此類推，60分貝的強度也是40分貝的100倍。

我們對於響度的感覺，約略遵照這種分貝的量度等級；我們聽100分貝與70分貝的聲音所感受到的響度差異，就跟聽70與40分貝聲音時的感受一樣。因此我們說，人類的聽覺大致呈對數變化。

26.6 強迫振動

敲擊一下懸空的音叉，所發出來的聲音非常微弱，但是若將音叉的底部接觸到桌面，發出來的聲音就比較響亮，這是為什麼呢？這是因為桌子被迫振動，而且整個桌面使更多的空氣分子振動，變成一塊共鳴板。許多不同頻率的音叉都能使共鳴板一齊振動，這就叫做強迫振動。

音樂盒的機械是裝置在共鳴板上，如果沒有共鳴板，音樂盒中的機械所發出來的聲音幾乎就聽不見了。一把普通發聲的吉他如果沒有木製琴身，吉他弦發出的聲音也微弱不堪。共鳴板對任何一種弦樂器都是十分重要的。

▲圖 26.7
撥動拉緊的繩子時，下方的澡盆發生強迫振動，成為共鳴器。

輕敲水杯

　　一邊向玻璃杯中倒水，一邊以湯匙輕敲玻璃杯。當杯內的水愈加愈滿時，敲出的聲音音調是升高，還是降低？如果是升高，代表盛水的杯子振動頻率在增加；如果音調降低，表示水杯的振動頻率變慢。為什麼加水會使固有頻率改變呢？

26.7　固有頻率

　　一把老虎鉗掉到地上所發出的響聲，和一支球棒落到地上的響聲完全不同。不同的物體碰到地上時，會產生不同的振動。如果輕敲老虎鉗，產生的振動跟輕敲球棒或任何其他的東西，所產生的振動也會不一樣。

　　任何一種由具彈性的材料做成的物體，被碰擊時都會以本身特有的頻率來振動，造成獨特的聲音，我們將之稱為該物體的固有頻率，這種頻率會因為物體的彈性、形狀等因素而異。鈴鐺和音叉在振動時，各有各的特徵頻率。從行星到原子，以及介於中間幾乎所有的物體，內部都會有些彈性的成分，因而具有一種或數種固有頻率，這是十分有趣的現象。所謂的固有頻率，是指使物體僅需最低能量就可產生強迫振動的頻率，同時也是繼續以最低能量來維持振動的頻率。

▲圖26.8
小鈴鐺的固有頻率比大鈴鐺高，所發出的鈴聲音調也比較高。

26.8　共振

　　當一個物體的強迫振動頻率符合它的固有頻率時，振幅就會大量增加，這種現象便叫做共振。「共振」的英文字resonance，意思就是「重新發出聲音」。油灰因為不具彈性，所以不會發生共振；手帕又太過柔軟，掉在地上也不會有共振。要使某件物體產生共振，必須有一股力在該物體變形之後把它拉回原來的形狀，也要有足夠的能量使它繼續振動。

　　盪鞦韆是大家都有的經驗，可以用來說明共振。在鞦韆上搖盪時，你的節奏必須隨著鞦韆的固有頻率，而盪的時機，比盪的時候所用的力氣重要。無論是你自己來盪，或是別人幫你推，只要節奏是隨著搖盪的固有頻率，即使推的力很小，也可以盪得很高。

　　在教室裡，我們通常使用兩支頻率相同的音叉來示範共振。先讓兩支音叉相隔一公尺遠，然後輕敲其中的一支，這時，另一支音叉就會跟著振動起來。當聲波觸碰到音叉時，每一個稠密部都彷彿在輕推一下音叉的尖端，這就和幫朋友推盪鞦韆一樣——推的時機很重要。由於輕推的頻率，跟音叉的固有頻率相同，因此振幅就被

▲圖 26.9
依據固有頻率的韻律來搖盪鞦韆，可產生比較大的振幅（盪得較高）。

▼◀圖 26.10
共振的過程。(a)第一個稠密部碰到音叉，使音叉受到微小的瞬間推力。音叉稍被推彎 (b)，然後在稀疏部抵達時彈回原位 (c)，之後會繼續往反方向運動，(d)超過原來的位置。最後，在音叉尖端恰好回到原位置的時候 (e)，第二個稠密部就過來了，碰到音叉，而重複整個過程。由於音叉正往同方向運動，所以第二次的推力會使音叉彎得更厲害。

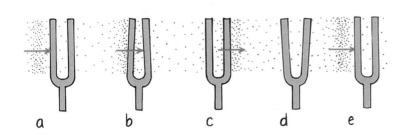

a　　b　　c　　d　　e

這些連續的輕推加大了，又因為是在適當的時間、在音叉瞬間運動的相同方向重複推動，所以振幅會加大。

如果兩支音叉的頻率不一樣，推動的時機就不能配合，所以共振無從產生。調動收音機的指針時，也相當於把收音機內電子線路的固有頻率，調成跟空中許多電波訊號中的某個頻率一樣，這樣一來，收音機就與某一廣播電台的電波產生共振，而不會同時把所有電台的訊號都收進來。

▼圖 26.11
橫波及縱波的干涉

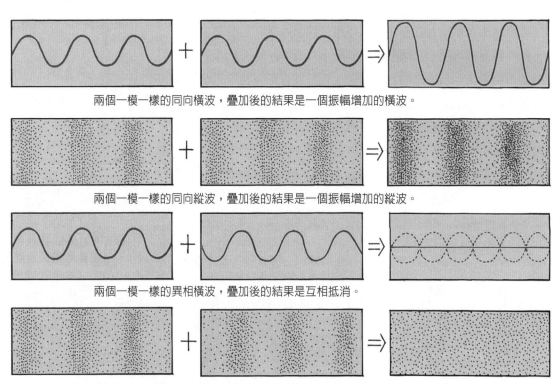

兩個一模一樣的同向橫波，疊加後的結果是一個振幅增加的橫波。

兩個一模一樣的同向縱波，疊加後的結果是一個振幅增加的縱波。

兩個一模一樣的異相橫波，疊加後的結果是互相抵消。

兩個一模一樣的異相縱波，疊加後的結果是互相抵消。

共振的發生並不僅限於波動。任何振動中的物體如果受連續脈衝以該物體的固有頻率推動，都會發生共振現象。1831 年，有一支英國步兵隊伍以整齊的步伐行軍過一條人行橋，沒想到他們的步調與橋的固有頻率相同，結果人行橋搖晃過度而坍塌了，因而自此以後，軍隊在過橋的時候都改為亂步走過。而發生於 1940 年的塔科瑪窄橋坍塌悲劇，則是肇因於風吹所產生的共振。（這座橋位於美國華盛頓州，悲劇發生前四個月才興建完成。）

26.9　聲波的干涉

聲波和任何波動一樣，也會發生干涉。你可以複習前一章討論過的內容（第 25.7 節），並參閱圖 26.11，比較橫波與縱波的干涉現象。你會發現兩者並無不同：當波峰與波峰相疊合，就會產生振幅增加的相長干涉，而當波峰與波谷相疊合，則產生振幅變小的相消干涉。在聲波的情形當中，稠密部相當於波峰，稀疏部相當於波谷。因此，橫波與縱波都會產生干涉現象。

干涉現象會影響聲音的響度，如果你的位置跟兩個擴音器等距離，且兩個擴音器同時發出相同的定頻聲波（圖 26.12 上），那麼你所聽到的聲音，會因為兩組聲波相加而變得更大聲；這時，到達的兩組波的稠密部與稀疏部是同相的，也就是兩組波同步。

不過，如果你向旁邊移動一下，使兩個擴音器傳過來的聲波相差半個波長（圖 26.12 下），結果就會變成，其中一個擴音器傳送來的稀疏部與另一個傳來的稠密部同時抵達，就如同水波的波峰正好填充到波谷內一樣，產生了相消干涉。（如果擴音器發出的波有許

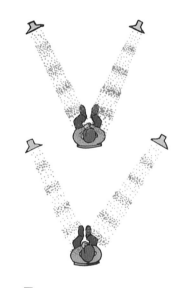

▲圖 26.12
聲波的干涉。（上）到達的波同相；（下）到達的波異相。

▲圖26.13
這位姓福特的老兄戴上消除噪音
耳機，正準備來一趟舒適又安靜
的滑翔機之旅。

多頻率，那麼對於一個特定的路程距離，並不是所有的波都發生相消干涉現象。）

聲波的相消干涉通常不至於造成問題，因為被消除的部分會有足夠的反射波來填補。然而，在一些設計不良的劇院或體育館內，顯然有一些「死角」，這是由於原來的聲波與牆壁反射出來的波發生干涉，而使這些區域的振幅變小，有時候你將頭部移動幾公分，就能感覺到明顯的差異。

相消干涉在抗噪音科技中，是非常有用的特性。手提鎚鑽之類的工具往往裝有麥克風，可把噪音傳送到電子微晶片，再由這些微晶片製造出像照鏡子般完全相反的聲音訊號；在手提鎚鑽的情形中，這些鏡像訊號會傳送到操作員所戴的耳機裡，於是手提鎚鑽發出的稠密部（或稀疏部），就被耳機內的稀疏部（或稠密部）相互抵消，而使噪音減低。飛行員戴消除噪音的耳機已經甚為普遍。此外，這種抗噪音原理也應用到汽車上的電子消音器，將反噪音用擴音器放大，可以將原來的噪音消除約95%。

26.10　拍

兩組頻率稍微不同的聲音同時發聲，會產生一種有趣而奇特的干涉現象，我們可以聽到混合聲音在響度上的抑揚變化，聲音一陣強，一陣弱，如此強弱交替下去。這種聲音響度的週期變化，就叫做「拍」。

當兩支略微不同的音叉同時發出聲音，就會產生拍，這是因為兩支音叉的振動頻率略有不同，所以它們的振動某一瞬間同步，接

相長干涉　　相消干涉　　相長干涉

▲圖26.14
兩個聲源的頻率稍有不同時，在發生干涉之後會產生拍。

著又不同步，然後又變成同步，如此輪流發生。當混合而成的聲波傳到你耳中時正好同步，比如一音叉的稠密部與另一音叉的稠密部疊合，就會聽見最大聲的聲音；一會兒之後，傳入耳朵的聲波不同步（一支的稠密部與另一支的稀疏部疊合），聽見的聲音最小。這種響度忽大忽小的聲音一陣一陣地傳到你的耳朵，產生一種顫音的效果。

　　如果你和朋友並肩走路，而你們兩人的步伐幅度不一樣，那麼有時候兩人的步伐會一致，有時卻正好錯開。舉例來說，假如你每分鐘走70步，你的朋友每分鐘走72步，比你多兩步。稍微思考一下，就可以知道你們兩人每分鐘內有兩次步伐一致。一般而言，當步速不同的兩個人走在一起的時候，單位時間內發生步伐一致的次數，就等於兩人步伐頻率的差。對於一對音叉，也是相同的道理；如果一支音叉每秒振動264次，而另一支每秒振動262次，它們每秒鐘內就有兩次同步，而你所聽見的拍頻就會是2赫。

　　我們可以在示波器上清楚看到拍的例子。當兩組頻率稍微不同的聲波進到示波器時，個別的和疊合起來的聲壓圖像都能用圖形顯示出來。圖26.15顯示了兩組波的個別波形和疊合之後的波形；從圖中可看到，兩波個別的振幅雖然恆常不變，但是疊合之後的振幅就

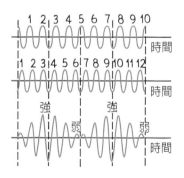

▲圖26.15
這是一個10赫的聲波及一個12赫聲波在同一秒鐘內的正弦圖示。將兩組波疊合之後，產生的合成波有2赫的拍頻。

❓ Question

一支262赫與一支266赫的音叉發出一共同聲音的拍頻是
多少？262赫與272赫的拍頻又是多少？

有了變化。若進一步細看這個圖，可看出這種振幅上的變化，產生
自兩組合成波的干涉；在兩組波同相之處，合成波的振幅最大，異
相的地方振幅最小。

　　跟前面的兩人並肩走路的例子一樣，圖上這兩組波每秒鐘同步
兩次，於是發出2赫的拍頻。為了舉例的方便，圖中選用了兩組頻率
為10赫及12赫的次聲波，所以這兩組聲波與它們形成的拍，我們基
本上是聽不見的。不過，人耳可聽見的高頻率聲波也是同樣的情
形，而且可以產生清楚可聞的拍。

　　如果將兩把齒距不同的梳子疊合起來，就可以看見疊紋圖樣，
這種圖樣也與拍有關。單位長度的拍數，會等於兩把梳子單位長度
的梳齒數量之差。

　　任何種類的波都能產生拍，而且是比較兩頻率的實際方法。調
音師幫鋼琴調音時，就是在聽標準音叉與某一根琴弦所產生的拍，

Ⓐ Answer

262赫及266赫的兩支音叉每秒會產生4拍，亦即拍頻為4赫
（266－262＝4），而且由於耳朵會取兩頻率的平均數，所以會
聽到264赫的音。262赫與272赫兩支音叉產生的音是267赫，
且拍頻為每秒10次；10赫的拍頻有些人聽不出來，而超過10
赫的拍頻實在太快了，通常是聽不出來的。

> ### 科技與社會
>
> #### 噪音和你的健康
>
> 　　大多數人都知道保護眼睛避免強光直射，卻很少人會同樣保護自己的耳朵。小梅第一次去聽搖滾演唱會的時候，坐在擴音器附近，震耳的聲音使她的耳朵發疼，她的朋友告訴她習慣了就好，可是他們不知道，她耳朵的微調功能被猛轟之後，耳朵的辨音能力就差了。
>
> 　　工業噪音比大聲的音樂更有殺傷力，因為這種噪音有突發的高能量尖銳響聲。嘈雜的機車聲、手提鏈鑽聲、伐木電鋸及動力工具聲，所製造的不單單是持續的高音量，同時還會製造許多突發的超高能量，破壞內耳的微細絨毛細胞，這些微小的感覺細胞一旦被破壞，就永遠恢復不了。噪音會使聽力在不知不覺間受損。
>
> 　　所幸的是，對音樂愛好者而言，這些能量尖峰造成的傷害僅起因自電子擴大器或揚聲器的不當使用。聽現場的音樂情形也類似，因為聲音大多來自擴音設備，如果擴音設備對突然發出的聲音反應過劇，這類演唱會造成的聽力受損可能更嚴重。
>
> 　　聽力受損在年紀大了之後會有顯著的影響。今天的年輕人就是明天的老年人，到時恐怕會成為有史以來最重聽的一代。現在就開始好好照顧自己的耳朵，別讓聽力繼續損耗下去了！

當兩者頻率一樣，拍就消失了。交響樂團的團員也是靠聽拍來調音，先由一位雙簧管或其他樂器的演奏者吹出一個標準音，然後其他團員再聽自己的樂器與這個標準音之間的拍。

觀念摘要

聲波是由物質的振動而產生的。

◆ 這種擾動是以縱波的形式,從振源傳送出去。

◆ 以高頻率振動的振源,產生高音調的聲音,而低頻振動的振源
產生低音調的聲音。

聲波包含兩類脈波的傳遞,一個是高壓區域的脈波,也叫稠密部,
一個是低壓區域的脈波,或稱稀疏部,兩者交替出現。

◆ 聲波能夠在氣體、液體及固體中傳播,但不能在眞空中傳播。

◆ 聲波在彈性大的材料中傳播得最快,例如鋼鐵。

每件物體都有各自的一組固有頻率。

◆ 當聲源使某物體(如共鳴板)強迫振動時,該物體發出的聲音
就會變得更響。

◆ 當某物體強迫振動時,且振動頻率等於其固有頻率,就會產生
共振,發出的聲音會更加響亮。

就如同其他任何波動一樣,兩個聲波也能產生干涉,使聲音更響亮
或變得較爲微弱。

◆ 當兩個頻率相近的聲波同時傳入耳朵,會聽到一種響度上的迅
速變化,這就是所謂的拍。

重要名詞解釋

音調 pitch 指聲音聽起來是高頻率還是低頻率。（26.1）

次聲波 infrasonic 指音調太低，低到人耳無法聽見的聲波；也就是頻率低於20赫的聲波。（26.1）

超聲波 ultrasonic 指頻率超過20,000赫的聲波；20,000赫是普通人聽覺的上限。（26.1）

稠密部 compression 在聲學中，是指受壓空氣（或其他物質）形成的脈波；與稀疏部相反。（26.2）

稀疏部 rarefaction 一種低壓空氣（或物質）的擾動；與稠密部相反。（26.2）

強迫振動 forced vibration 由於附近另一物體的振動而造成的物體振動。樂器上的共鳴板會藉由強迫振動，來放大聲音。（26.6）

固有頻率 natural frequency 一彈性物體接收到能量之後，自行繼續振動的頻率；在這個頻率下，該物體維持振動所需的能量最小。也可稱爲共振頻率。（26.7）

共振 resonance 當某物體強迫振動的頻率與本身的固有頻率相同時，會造成振幅劇烈增加的一種現象。（26.8）

拍 beats 當兩個頻率相差不多的音一同發聲時，因干涉而造成的一種聲音響度上的劇烈變化。（26.10）

借題複習

1. 聲音是怎麼產生的？（26.1）

2. 音調與頻率有什麼關聯？（26.1）

3. 一個年輕人能聽見的聲音的平均頻率範圍有多大？（26.1）

4. 請說明次聲波與超聲波的差異。（26.1）

5. (a)請比較聲波中稠密部與稀疏部的差異。

　　(b)稠密部與稀疏部是如何產生的？（26.2）

6. 光波可以在眞空中傳送，這點可由我們看得見太陽與月亮得到證明。聲波也能在眞空中傳送嗎？請說明你的理由。（26.3）

7. (a)在室溫下，聲音在乾燥空氣中的傳送速率有多快？

　　(b)空氣的溫度對聲音速率有何影響？（26.4）

8. 聲音在空氣中的速率，與水中和鋼鐵中的速度相比，哪一種快？哪一種慢？（26.4）

9. 爲什麼聲波在液體和固體中的傳播速率比在氣體中快？（26.4）

10. 爲什麼將振源壓在共鳴板上時，能使聲音更爲響亮？（26.6）

11. 爲什麼不同的物體掉到地上會發出不同的聲音？（26.7）

12.「每樣東西各有其固有振動頻率」，這句話是指什麼？（26.7）

13. 強迫振動與共振有何關聯？（26.8）

14. 爲什麼音叉或鈴鐺可以共振，面紙卻不能？（26.8）

15. 振動中的物體如何產生共振？（26.8）

16. 在收音機上調到某個電台的頻率，和共振有何關係？（26.8）

17. 一組聲波有沒有可能抵消另一組聲波？請說明。（26.9）

18. 距兩個相同聲源的路程僅相差半個波長的距離時，爲何會發生相消干涉？（26.9）

19. 聲波的干涉與拍有何關係？（26.10）

20. 當一支494赫的音叉和一支496赫的音叉同時發聲時，產生的拍頻是多少？（26.10）

課後實驗

1. 用繩子吊起一個冰箱的金屬架，然後將繩子的兩端用手緊壓在耳朵上，接著再請朋友用咖啡匙之類的東西輕敲金屬架。如果你閉起眼睛，全身放鬆，就會聽到很棒的音效。請你務必試一試。

2. 如果你從汽水瓶的瓶口往內吹氣，一股空氣（稠密部）會灌進瓶內，碰到瓶底之後再反射回到瓶口。當所吹的氣（在不到千分之一秒的時間內）回到瓶口時，會擾亂你在瓶口繼續吹進去的氣流，使一股稍微強大一點的空氣重新灌入瓶中。這現象會一直重複，最後就形成一個非常大（又響亮）的振動，也就是你聽到的聲音。這聲音的音調會因為氣流來回的路程遠近（亦即瓶深），而有所不同。如果是空瓶子，較長的波得以加強，發出的音就比較低沈；如果裝有液體，瓶內的空氣部分變得較短，發出的音調就比較高。你甚至可以用許多瓶子，各裝適量的水來演奏音樂。

3. 在桌上放一個細邊的高腳杯，杯中加些清水，然後用左手將杯腳按緊在桌上，右手食指沾水之後再輕輕摩擦杯緣，你就會聽到一個悅耳的聲音。這輕輕的摩擦能在玻璃杯中產生駐波，這些駐波很像小提琴的弓摩擦琴弦時產生的波。

4. 如果你有機會待在一個有通風扇的房間裡，試試看用風扇聲音的頻率（音調）同時哼出聲音。當你哼出的頻率接近風扇的頻率時，就會聽見拍。到處都有物理，這不是很棒嗎？

想清楚，說明白

1. 看棒球比賽的時候，我們常常是先看見球棒擊中球，然後才聽到擊球的聲音，為什麼？

2. 如果有個長長的遊行隊伍跟在樂隊後面，位在最後面的那些人往往與前面較靠近樂隊的人的腳步不一致，為什麼？

3. 如果你看見遠方有個人用大鐵鎚將木樁打進地面，他以每秒敲一下的規律來敲打，而你聽見的敲打聲與看見的動作正好同步。但在他停止敲打後你又聽到一聲敲擊，那麼你距離此人有多遠？

4. 看科幻電影的時候，如果你看見並且同時聽見遙遠的外太空發生爆炸，請問這部電影犯了哪兩項違反物理現象的錯誤？

5. 當一組聲波傳過空氣中某一點時，該點的氣壓會產生什麼變化？

6. 耳邊細語的聲音強度比可聽到的最弱聲音高出多少？又比正常呼吸高出多少？

7. 如果錄音機的聲音／噪音比是50 dB，意思是說在重放錄好的音樂時，音樂的聲音響度比錄音帶裡的雜音響度高出50分貝，請問：這音樂的聲音強度是雜音強度的多少倍？

8. 如果一支音叉的底部緊貼著桌面，發出的聲音會響亮很多，為什麼？這對音叉繼續振動的時間長短有什麼影響？請用能量不滅定律來解釋。

9. 印度的西塔琴除了外觀上可看見的十或十一條弦外，還有一組弦隱藏在中空的琴頸裡面，叫做「共鳴弦」。演奏者彈撥長頸上的弦時，這組共鳴弦就會跟著振動並發出音樂。試說明其原理。

10. 假設有三支音叉，其頻率各為260赫、262赫及266赫，若兩兩同時發出聲音，會產生哪些拍頻？

11. 假設有位鋼琴調音師在她的音叉與正在調的音的合音中，聽見每秒兩拍的拍頻，現在她將琴弦稍微調緊一些，聽到的拍頻變成每秒一拍，請問她應該將琴弦再調緊一些，還是應該調鬆？

12. 一群人同時注意聽音樂時，他們聽見的是否是同樣的音樂？看一幅畫時，是否看見同樣的景象？品嚐同樣的乳酪時，是否嚐到相同的味道？聞著同樣的鮮花時，是否嗅到相同的香味？觸摸同樣的布料時，是否碰觸到相同的質感？當他們聆聽同樣的邏輯陳述時，是否都能得到相同的結論？請逐一說明。

實戰演練

1. 聲波行進的速率大約是 340 公尺／秒，請問：頻率為 20 赫（人耳可聽見的最低音調）的聲波的波長是多少？頻率為 20 千赫（人耳可聽見的最高音調）的聲波的波長又是多少？

2. 如果你要在室溫的空氣中製造一個波長 1 公尺的聲波，它的頻率應該是多少？

3. 海洋深水探測船使用超聲波來深測海底（已知超聲波在海水中的行進速率為 1530 公尺／秒），如果自聲納放出的聲波在 8 秒鐘之後才從海底反射回來，請問海底深度是多少？

4. 兩組聲音同時發聲，其頻率分別為 240 赫及 243 赫，請問你聽見的拍頻是多少？

5. 兩個音同時發出，已知其中一個音的頻率是 440 赫。如果你聽見的拍頻為 5 赫，請問另一個音的頻率是多少？

第 27 章

光

我們真正能看見的唯一一樣東西就是光，但光究竟是什麼呢？我們知道，白天裡主要的光源是太陽，其次是明亮的天空，此外一般的光源還有火焰、燈泡中的白熱燈絲。我們看見的每樣東西，比如你正在閱讀的文字，都是由於這些光源將光反射，才讓我們看見。有些物質可以讓光直接透射，例如空氣、水、窗戶的玻璃等；有些物質使光擴散至各個方向，以至於我們無法透過它來看東西，例如薄紙，和蒙上水汽的玻璃。然而，大多數物質都不會讓光線通過，除非將它們做成很薄的一片。為什麼水與玻璃能讓光線穿透，而木頭與鋼鐵不能呢？要回答這個問題，我們必須先了解光的本質。

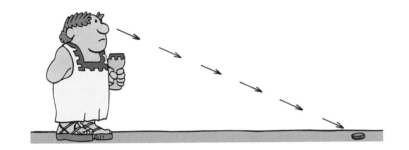

古時候有些人認為，光是由人的眼睛射到物體，不是由物體傳送到眼睛。

27.1　早期對於光的觀念

　　光的研究已經有數千年了。一些古希臘哲學家認為，光是由一些微細的粒子組成，這些粒子能進入眼中，產生視覺。另外有些哲學家，包括蘇格拉底（Socrates, 469-399 B.C.）和柏拉圖（Plato, 427-347 B.C.），認為是由於眼睛發射出如川流的細絲，接觸到物體，因此才看得見東西。歐幾里得（Euclid, 330-260 B.C.）也支持這種看法，他曾經爭辯說，如果不是這樣，又要如何解釋，我們為什麼是在眼睛視線接觸到地上的一根針時，才看見它？

　　一直到牛頓（Isaac Newton, 1642-1727）的時代以後，大多數的哲學家和科學家仍然認為光是由粒子組成的。然而，有位古希臘學者恩培多克利斯（Empedocles, 490-430 B.C.）曾說光是呈波動前進的，而與牛頓同時代的荷蘭科學家惠更斯（Christian Huygens, 1629-1695），也認為光是一種波。

　　由於光似乎以直線前進，不像波一般向外擴展，使得「光是粒子」的理論受到支持。然而惠更斯提出一些證據，說明在某些狀況下，光的確是向四周擴展的（這就是繞射現象，後面的第 31 章將會

討論到），後來也有其他科學家發現更多證據，證實波動理論。到了十九世紀，波動說已成為一般所接受的理論。

稍後在1905年，愛因斯坦發表了一個理論，可以解釋所謂的光電效應，而根據這個理論，光是由一些粒子所組成，這是一束沒有質量的濃縮電磁能，後來我們稱之為光子。

現在的科學家都同意光有兩種性質，一種是粒子，一種是波。本章先討論光的波動性質，在《觀念物理》第5冊第38章再討論光的粒子性質。

27.2 光速

光的傳播速率到底是無限快，還是有限大？這問題一直要到十七世紀後半，才有明確的答案。在這之前，伽利略曾經用一面放在遠距離外的鏡子，來測量光束射過去再反射回來的時間，可是時間短到他根本無法測量。另外有些人企圖在遙遙相距的山頂上，以燈光的明滅來實驗，所測出來的只是他們自己的反應速度。

約在1675年，丹麥天文學家羅默（Olaus Roemer, 1644-1710）首度提出一種方法，證明光是以有限大的速率來傳送。他先非常仔細地測定木星各衛星的週期，其中最內側的木衛一，可用倍數不很大的天文望遠鏡來觀測，而羅默測出木衛一環繞木星一周，需時42.5小時。

由於木衛一會定期隱沒在木星的陰影裡，所以這個週期可以測得十分精確。但羅默在測量木衛一的公轉週期時，對所測出的不規律現象困惑不已，他發現當地球逐漸遠離木星時，如圖27.2所示自

B的位置移向C的位置，測到的週期總是比平均值稍長，而當地球接近木星時，如圖中從E點移向F點，測到的週期則小於平均值。他估算出，地球自圖中A點轉至D點的累積差異大約為22分鐘，意思是地球在D的位置比在A的位置時，所觀測到木衛一隱沒到木星的陰影裡的時間晚了22分鐘。（羅默所做的估算不十分正確；正確的數值是17分鐘，或差不多1,000秒。）

　　荷蘭物理學家惠更斯，正確解釋了這個差異。他的解釋是：當地球與木星愈離愈遠時，光到達地球表面的時間就晚了，並不是木星的月亮跑得慢了，木衛一依照預測的時間隱入木星的暗影中，只是帶來這資訊的光要多走地球軌道的直徑那麼長的距離。當年惠更斯也許不知道地球軌道的直徑有多大，不過，我們今天已經曉得是300,000,000公里，而光波需花掉1,000秒的時間橫越過這段距離，因此很容易就可以計算出光速來：

$$光速 = \frac{多行進的距離}{多測量到的時間}$$

$$= \frac{300,000,000 \text{ km}}{1,000 \text{ s}} = 300,000 \text{ km/s}$$

　　測定光速最著名的實驗，是於1880年由美國物理學家邁克生（Albert Michelson, 1852-1931）所做的實驗，次頁的圖27.3是邁克生實驗的簡化圖解。他設置了一個可以高速旋轉的八面鏡，在八面鏡靜止的時候，先用稜鏡將一束強光對準八面鏡，並小心調整八面鏡的方向，使這束強光反射至35公里外山頂上一面靜止的鏡子，再反射回八面鏡，照射進觀測者的眼中。由於已精確測量好光束走到山頂的距離，因此邁克生僅需量出光線來回一趟的時間。接著，他高速旋轉這個八面鏡，就完成了這個實驗。

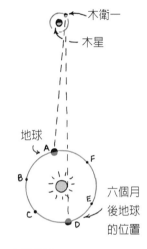

▲ 圖 27.2
羅默測定光速的方法：利用木衛一照射到地球上的光。地球在D的位置時，光到達所需的時間比地球在A點時要久，光多走的距離除以多耗費的時間，就得到光的速率。

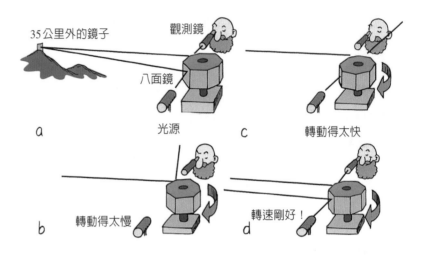

▲ 圖 27.3

邁克生用來測光速的鏡子裝置。八面鏡靜止時，反射回來的光線射入觀測鏡的目鏡中 (a)。八面鏡轉動得太慢 (b) 或太快 (c) 時，反射光射不進目鏡中，等到轉動的速率恰到好處時 (d)，反射光剛好可以射進目鏡中。

　　八面鏡轉動的時候，只有一閃一閃的短促光線會射越地平，到達遠方山頂的鏡子並反射回來，射到轉動中的八面鏡上。如果在這閃光一去一回的時間內，八面鏡剛好轉動了八分之一圈，它的位置正好能把反射回來的閃光再反射到觀測鏡的目鏡中。如果八面鏡轉動得太慢或者太快，都無法剛好把閃光反射到目鏡裡，所以，當邁克生將轉速調整到讓閃光進入目鏡時，他就知道了八面鏡旋轉八分之一圈的時間，就等於閃光來回一趟的時間。然後，他用這時間來除來回距離 70 公里，得到的光速就是 299,920 公里／秒，差不多等於 300,000 公里／秒。

　　邁克生因為這個實驗獲頒 1907 年的諾貝爾物理獎，是第一位獲

此殊榮的美國物理學家。

現在我們知道，光在真空中的速率是一個常數。光速相當快，快到如果光能繞著地球而行，一秒鐘可以繞地球七圈半！此外，光從太陽走到地球，只需8分鐘，而從距離地球最近的恆星半人馬座α星，則要花四年的時間才能到達地球。在此要補充的是，光走一年的距離，就稱為1光年。

因此，半人馬座α星距離地球4光年之遠，而太陽系所在的銀河系直徑是100,000光年，也就是光要走100,000年，才能橫越整個銀

工藝中的物理

電影藝術

為什麼電影中的馬車輪子常常是怪怪的？當車子在前進時，輪子有時候看似不動，有時甚至在倒轉而不是向前轉。這個幻覺的產生，是因為我們看電影時，看的不是連續動作，而是以每秒24畫格拍攝的一連串鏡頭剪接成的。在這種快速的轉換下，人的眼睛看不出畫格與畫格之間的間隙。回到馬車的例子，如果輪子每秒正好轉24圈，那麼輪輻在每一張畫格上的位置就正好相同，所以輪子看起來靜止不動。事實上，輪子不必轉動得這麼快，就可以有靜止的效果。想像一個有6條相同輪輻的輪子，假如它每秒轉4圈，那就是每秒24條輪輻轉過同一位置，和電影每秒的拍攝速度一致，所以輪輻在每一畫格上的位置都一樣。如果每條輪輻不能在1/24秒後到達前一輪輻的位置，而是稍微落後一點的話，請問輪子看起來是前轉還是倒轉？

Question

在邁克生的實驗裡，光線照射到遠方山上的鏡子再回到八面鏡而射入目鏡所花的時間內，八面鏡恰好轉了八分之一圈。如果在這段時間裡，八面鏡轉了四分之一圈，反射光會不會射入目鏡？

Answer

會的，只要八面鏡在這段來回時間內轉了 1/8 圈的倍數，如 1/4, 1/2, 1 圈等等，反射光都會射入目鏡中，因為只要在反射光到達時，八面鏡上的任何一面鏡子抵達定位就可以了。可是，邁克生當時並沒有使八面鏡轉動得更快，來觀測這些現象。

計算範例

若以公里為單位，光線如果不受干擾，一年能走多遠？

由於光速是常數，所以瞬時速率等於平均速率。在物理學上，光速以 c 來代表，於是從求速率的方程式 $v = d/t$，或寫成 $c = d/t$，我們可以得到：

$$d = ct$$
$$= (300{,}000 \text{ km/s}) \times (1\text{yr})$$

將時間單位的轉換係數代入方程式中，就得到：

$$d = \left(\frac{300{,}000\text{km}}{1\text{s}} \right) \times (1\text{yr}) \times \left(\frac{365\text{d}}{1\text{yr}} \right) \times \left(\frac{24\text{h}}{1\text{d}} \right) \times \left(\frac{3600\text{s}}{1\text{h}} \right)$$

$$= 9.5 \times 10^{12} \text{ km}$$

這正是 1 光年的距離。

河系。有些星系距離地球 100 億光年之遠，所以如果其中一個星系在
50 億年前發生過一次爆炸，這爆炸的光要再過 50 億年之後，才會到
達地球。光速固然快，宇宙卻更加浩瀚！

27.3 電磁波

光是一種能量，是由於電荷（通常是指原子內的電子）加速而
發出的，這種能量在部分為電、部分為磁的波中傳播，這種波就稱
為電磁波。電磁波是一個廣大的家族，成員包括無線電波、微波、
X 射線等，可見光只是其中的一小部分。圖 27.4 顯示了電磁波的範
圍，或稱為電磁波譜。

我們眼睛能見到最低頻率的光為紅光，頻率最高的可見光為紫
光，頻率約為紅光的兩倍。頻率低於紅色可見光的電磁波稱為紅外

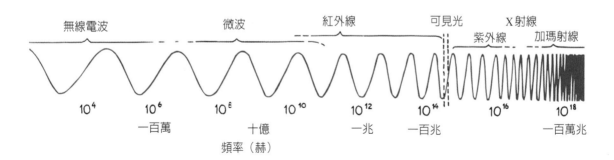

▲圖 27.4
電磁波譜是一個連續的波譜，範圍從無線電波延伸至加瑪射線。圖中各段的名
稱只是歷史上的分類，因為所有的波的本性都一樣，主要的差別在於頻率與波
長，波速則是相同的。

? Question

若說無線電波是一種低頻率的光波，這說法正確嗎？無線
電波也是一種聲波嗎？

線，高於紫光的電磁波稱為紫外線，皮膚曬黑就是由這些高頻率電
磁波造成的。

27.4　光與透明物質

　　光這種能量由電磁波來攜帶，而電磁波是由電荷振動產生的。
當光線照射在物體上，物體內的電子開始強迫振動，作用就如同自
一物體發出的振動，迫使另一物體接受這個振動。這有點類似接受
器接收聲波的過程（圖27.5），只不過在許多方面不大一樣。

　　受光線照射的物質要如何反應，決定於入射光的頻率，與該物
質內的電子的固有頻率。可見光的振動頻率很高，每秒在一百兆次
（10^{14}赫）以上。要回應這麼快的振動，帶電物的慣性必須很小，而
因為電子的質量夠小，才能振動得這麼快。

A Answer

無線電波和光波都是電磁波，皆產生自電子的振動。由於無線
電波的振動頻率遠低於光波，所以也可以將無線電波看成一種
低頻率的光波。相反的，聲波是物質的機械式振動，不是電磁
振動，因此從本質上就與電磁波不同，所以，無線電波不是一
種聲波。

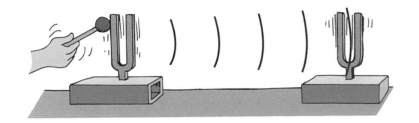

◀圖27.5
正如聲波可以強迫聲音接受器振動，光波也可以強迫物體內的帶電粒子振動。

　　玻璃和水是兩種允許光線以直線透射的物質，它們對光線是透明的。要了解光線穿過這類透明物質的原因，我們可以把原子裡面的電子想像成是用彈簧來連結的（如圖27.6），被光波驅動之後，這些電子就會振動起來。

　　所有的彈性物質，都會特別容易對某種頻率的振動有所回應，鈴鐺在特定一個頻率下會響，音叉會在一個特定頻率下發聲，物質內的電子也是如此。電子的固有振動頻率，取決於它們對鄰近原子核的結合力有多強，不同的物質有不同的「電彈簧強度」。

▲圖27.6
我們可以把玻璃內的原子結構，想像成是一些彈簧將電子與原子核連結起來。

　　玻璃內的電子的固有振動頻率，屬於紫外線的範圍。當紫外光照射在玻璃上時，光波造成電子與原子核間的大幅振動，並維持共振，就像以共振頻率幫人推盪鞦韆一樣，能造成很大的振動。原子獲得這些能量之後，有可能經由碰撞，將能量傳遞給附近的原子，也有可能再把光發射出來。如果一個原子的固有振動頻率，與作用於原子上的紫外線頻率相同，那麼電子的振幅會變得非常大。一般而言，原子會將這個能量保留相當久（約為振動一百萬次的時間，或相當於一億分之一秒），在這段時間裡，這個原子和其他原子會發生很多次碰撞，將能量轉換成熱的形式而消失，這正是玻璃對於紫外線不透明的原因。

但是當電磁波比紫外線的頻率低時，比如可見光，電子被強迫以較小的振幅振動，原子保有能量的時間比較短，與附近原子碰撞的機會減少，轉換成熱的能量也變少了。於是，這些振動的電子把能量再次釋出，成為透射光。玻璃對所有可見光的頻率來說，都是透明物質。順帶一提，在原子間傳送的重射光頻率，和最開始造成電子振動的吸收光頻率完全相同，兩者間的主要差異，只是一點時間上的延後。

這個時間延後，會導致平均光速在穿過透明物質時的減小，各位可以參考圖27.7。光在穿過不同的物質時，行進的平均速率也不同；在真空中，光速是一個常數，即300,000公里／秒，我們用c來表示，而在水中，光以這個值的75%的速率前進，也就是0.75c。此外，光在玻璃中約以0.67c的速率前進，得再視玻璃的種類而定；在鑽石裡，光的速率只有0.40c，還不到真空中光速的一半。等到光從這些物質再射出到真空中時，速率又會恢復至原來的c。

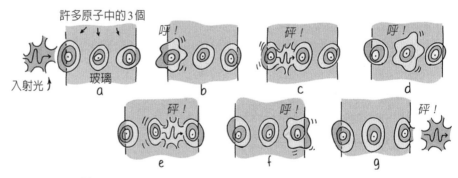

▲圖27.7
光波射入一塊玻璃，造成原子內部振動，因而引發連鎖性的吸收與重射，將光能傳過整塊玻璃之後，再從另一頭射出去。由於吸收和重射之間有時間上的延緩，因此光在玻璃中的平均速率小於c。

　　頻率低於可見光的紅外光波，不僅使電子振動，同時也使玻璃的整個結構都振動了。這種結構的振動會增加玻璃的內能，使玻璃的溫度升高。總歸一句話，玻璃對可見光是透明的，但對紫外線和紅外線是不透明的。

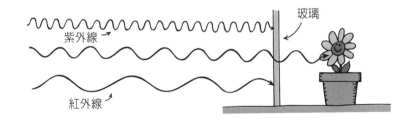

▲圖 27.8
玻璃阻擋了紅外線與紫外線，但是對所有可見光都是透明的。

27.5　不透明物質

　　大多數的物質在吸收光之後，就不會讓光再透射出來，這些物質就是不透明的。對可見光而言，人體、木頭，及石頭都是不透明

的。在不透明物質中，任何因光引起的原子振動與分子振動，最終都轉換成不規則的動能，也就是內能，使物質的溫度稍微升高。

　　金屬也是不透明的。比較有趣的是，金屬表面的電子並沒有和任何一個原子結合，它們相當自由，幾乎不受束縛地到處流動，這也正是金屬具良好導電及傳熱特性的原因。光照射在金屬表面，使這些自由電子隨之振動，這時，它們獲得的能量不會像彈簧似的在原子之間傳送，而是再次發射出來，成為可見光。這些重射光看起來像反射光，這就是金屬閃閃發亮的原因。

　　我們的大氣對可見光及部分紅外線是透明的，但是對高頻率的紫外線就幾乎是不透明的。少部分透射過來的紫外線，是皮膚曬黑的主因，要是紫外線能夠全部透射，我們恐怕就不敢在沒有任何防曬措施的情形下走進陽光裡。雲對紫外線是半透明的，這就是為什

? Question

為什麼玻璃對可見光是透明的，對於紫外線和紅外線卻不透明？

A Answer

玻璃中電子的固有振動頻率，與紫外光的頻率相同，所以紫外線照射玻璃時，會使電子產生共振。電子的這種高能振動不會再發射光波，卻會產生熱，所以玻璃對紫外線是不透明的。在可見光的範圍內，玻璃內電子的強迫振動比較微弱，所以不會產生熱，而是再次發射出光波，因此玻璃對可見光是透明的。低頻率的紅外線不只使電子振動，還會使整個原子結構發生共振，於是會產生熱，因而玻璃對紅外線是不透明的。

麼在陰天也會曬黑，此外，紫外線也能在沙灘和水面上反射，所以
有時你雖然坐在海灘的遮陽傘下，仍然會曬黑。

27.6　陰影

　　細細的一束光線通常稱爲射線。任何一束光線無論多麼粗大，
都可想成一束射線。光線照射在物體上的時候，一部分射線會被該
物體阻擋。凡是光的射線無法到達的地方，就會造成陰影。近距離
的小光源，或遠距離的大光源，都會產生清晰的陰影，可是大部分
的陰影輪廓總是有點模糊的。陰影的內部通常比較深，邊緣則比較
淡。

　　完整的陰影叫做本影，而部分的陰影叫做半影。之所以出現半
影，是因爲一部分的光線被阻擋了，其餘的光線卻照了進來。在一
個光源完全被擋住，卻有別的光源補充進來的情形下，就會產生半
影；如果光源又廣又大，發射出的光線只有一部分被遮擋，產生的
陰影也是半影。

　　舉例來說，物體很靠近牆壁時，投射到牆上的影子很清晰，因

◀圖27.9
大的光源產生比較模糊的陰影，
小的光源產生的陰影比較清晰。

圖27.10 ▶
日食的成因

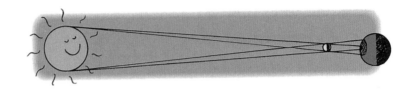

為從別的方向射來的光線，不容易擴展到物體的背後。當物體逐漸遠離牆壁，投射出來的本影逐漸變得不清楚，半影則逐漸形成，等物體離牆壁很遠時，牆上的陰影變得不明顯，因為所有的半影都混合成一團很大的模糊影像。

　　一個很可觀的實例，是月球正好通過太陽與地球之間，也就是日食時所投射的陰影。因為太陽體積龐大，所以射出來的光線除了造成一個本影，還會在周圍環繞一圈半影（圖27.10），此時月球的陰影剛好可以到達地球。如果你站在本影部分，就會在大白天裡經歷到一段短暫的黑暗，如果身處半影圈，則會覺得陽光變暗，看到太陽變成新月形。

　　人們在觀看日食時會很小心不去直視太陽，避免讓強烈的陽光和紫外輻射傷害到眼睛，但是這個良心的建議時常誤導大眾，以為日食時的陽光比平時更容易傷害眼睛。其實，直視高懸天空的太陽都是一樣傷眼的，無論是平時還是日食發生時的太陽；事實上，日食發生時的太陽因為有部分被月球遮住，傷害反而還降低了呢！之所以特別在這個時候提出警告，只是因為有愈來愈多人對觀看日食

圖27.11 ▶
月食的成因

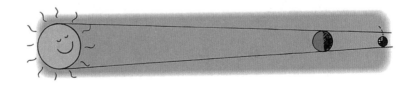

感興趣罷了。

　　同樣的，地球也像其他物體一樣會投射陰影，這黑影延伸入太空中，有時候月球剛好進入這黑影中，我們就能看到月食。日食只能在地球的一小塊區域裡及短暫的特定時間內才看得到，而當月食發生時，地球在黑夜中的半面都可以觀看到（圖 27.11）。

　　光線透射過譬如水之類的透明體時，會因折射而產生陰影。光於溫水和冷水中的傳播速率略有差異，這差異會使光線折射。正如夜空有一層層的冷空氣和暖空氣，使星光折射，而讓我們看到星星的閃爍。有時候，光線的折射導致牆上的陰影較黑，而光折射的方式會影響陰影的形狀，我們會在第 29 章回過頭來討論光的折射。

❓ Question

爲什麼我們看見月食的次數通常比日食多？

27.7 偏振

　　光以波的形式傳送，而證明了「光波是橫波，而非縱波」這個事實的，是光的偏振現象。如果你像圖 27.12 那樣，搖動水平繩子的

▲ 圖 27.12
垂直偏振波（左）與
水平偏振波（右）。

🅰 Answer

日食和月食每一年通常各有兩次。可是，月球投射到地球上的陰影範圍很小，只有很少數的人會在那陰影（日食）之中；相較之下，地球投射在月球上的陰影大得多，月食發生的當晚，抬頭看夜空的人都可以看到地球投射到月球上的陰影。

▲圖 27.13
偏振光所在的平面，與電子振動
的平面爲同一平面。

一端，就可產生一個橫波沿著繩子前進，由於來回的振動只發生在
一個方向，所以我們稱此爲偏振波。若上下搖動這條繩子，就會產
生垂直的偏振波動，也就是沿著繩子前進的波動僅限於垂直平面
上；如果改以橫的方向左右搖動，產生的就是水平偏振波動。

　　每個電子在振動的時候，都會產生偏振的電磁波。在垂直方向
振動的電子，發射垂直的偏振光，而往水平方向振動的電子，則發
射水平的偏振光（圖 27.13）。

　　一般的光源如鎢絲燈泡、日光燈、燭光、陽光等等，射出來的
光不會偏振，這是因爲在這些光源裡，產生光的電子是向各方向隨
機振動的。但是將這種光照射在偏振濾光鏡上，透射過去的光線就
會偏振，寶麗來的偏光太陽鏡片就有此功能。很多人認爲濾光鏡有
一個偏振軸，其方向就是偏振光波的振動方向。

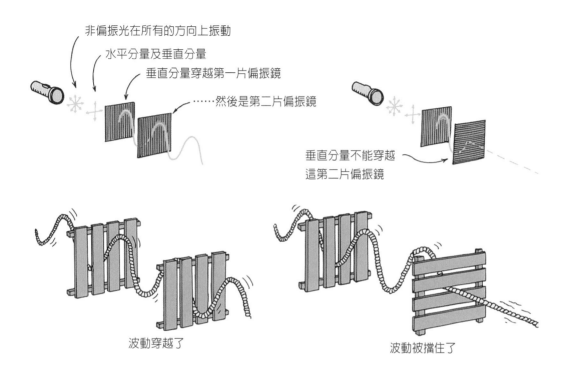

非偏振光在所有的方向上振動

水平分量及垂直分量

垂直分量穿越第一片偏振鏡

……然後是第二片偏振鏡

垂直分量不能穿越
這第二片偏振鏡

波動穿越了

波動被擋住了

當兩片偏振濾光鏡的偏振軸平行時，光可以穿過，如果兩偏振軸相互垂直，光就無法通過。這種現象可以用兩片柵板過濾一條振動中繩子的情形來解釋，就像圖27.14顯示的那樣。

當你用扁平的石塊打水飄時，必須使石塊的扁平面和水面平行才會反彈起來（反射），如果扁平面與水面垂直，石塊就穿入水中（折射）。光的現象十分類似。偏振光的振動平面就像石塊的扁平面，我們所看見從非金屬表面例如路面、水面、玻璃表面等，以掠射角反射出來的光，其主要的振動平面與反射面平行，因此從水平面發出的強光閃爍是水平偏振光。

當兩片濾光片的偏振軸平行時，光線可以透射，但是當兩軸成

▲圖27.14
我們可以用繩子，來比擬兩片交叉偏振鏡的效果。

直角時就會被吸收。一個十分有趣的現象是，若在兩片偏振軸垂直的濾光片之間，插入第三片任意軸向的濾光片，光又可以穿過了。（想知道爲什麼會這樣，你必須多學一些有關向量的知識。可參考《觀念物理》第1冊的附錄D與本書後面的附錄E。）

現在你能了解爲什麼寶麗來太陽偏光鏡的偏振軸是垂直的了嗎？因爲如此一來，它就可以過濾掉水平面反射出來的閃光。

27.8　偏振光及3D視覺

我們之所以有三維的視覺，是因爲雙眼同時（或幾乎同時）觀物而產生影像，且每一隻眼睛又以稍微不同的角度來看同一東西。若將手臂伸直，食指朝上，雙眼看著食指後方的遠景，然後輪流閉

Life success is not acquiring all
the things you want,
but becoming the kind of person
you'd like to be.

Life success is not acquiring all
the things you want,
but becoming the kind of person
you'd like to be.

▲圖27.15
左右兩個框框內有同樣的文字，當你以左眼看左框，右眼看右框時，你的眼腦系統會把兩者結合起來，產生深度的感覺，因此會使方框內的第二及第四行文字顯得較遠。要看到這種效果的方法如下：先將書貼近到鼻子，雙眼分別看兩邊的文字，然後用很慢的速度將書移開，同時盡可能不要讓雙眼集中一點，如此繼續將書移遠，即可產生這感覺。如果書本移到30公分遠，仍然看不到這個立體效果，就重新來過，可能要試個幾次才會成功。（如果你雙眼交叉著看兩個方框，會感覺第二及第四行變得較近！）

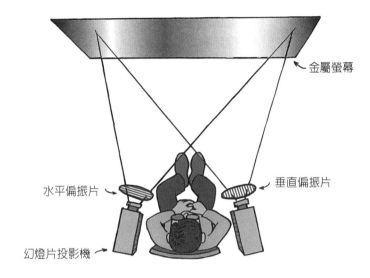

金屬螢幕

水平偏振片

垂直偏振片

幻燈片投影機

◀圖27.16
利用偏振濾光鏡得到的3D幻燈映像。左眼只看得見左邊投影機投射出的偏振光,而右眼只看得見右邊投影機投射出的偏振光,兩眼的視覺在腦中結合,產生一個具有景深的影像。

起一眼,你就可以發現每隻眼睛看到的景象略有不同。我們的眼腦系統會把兩眼看到的景象結合起來,產生景深的感覺(圖27.15)。

在相距差不多只有兩眼間隔的兩個定點,取同一個景分別拍攝一張相片或電影畫格,當我們把拍出來的兩張照片左右並排,以左眼看左邊這張,右眼看右邊那張,就能看到3D的視覺效果,所用的方法是在放幻燈片或電影時,先讓投射光通過偏振濾光鏡,然後再投射到螢幕上;需注意的是,要使兩片濾光鏡的偏振軸相互垂直(圖27.16)。重疊的影像以肉眼看很模糊,但是若戴上兩鏡片偏振軸相互垂直的偏光眼鏡來看,就能看見3D影像,這是因為戴上這種特殊的眼鏡之後,可使每隻眼睛各看一張圖片(只看見偏振軸同向的那張),就像看實景一樣,這時,腦就會把兩張圖片解釋為一張具景深感覺的圖片。(用簡單的看片機,也會產生同樣的效果。)

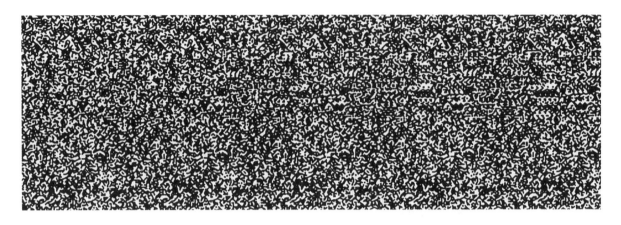

▲圖27.17
電腦繪製的立體圖。（你看出
圖中隱藏的英文字PHYSICS
了嗎？）

在電腦繪製的立體圖中（如圖27.17所示），也可以看到景深的
感覺。在這普通的畫面中，隱藏有特別的圖案，你可以用觀看圖
27.15的步驟看出圖中隱藏的訊息（這本書是在敎人物理嗎？）。一
旦熟練其中的技巧之後，不妨再試試其他書裡或廣告上的立體圖。

❓ Question

下面三副太陽眼鏡，哪一副最適合汽車駕駛配戴？（鏡片
上的直線代表鏡片的偏振軸。）

Ⓐ Answer

A最適合，因為垂直方向的偏振軸可以擋住水平偏振光，使來
自水平面的大部分強光無法穿透。（C那副眼鏡適合拿來看3D
電影。）

◀圖27.18
光學上的錯覺

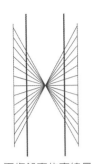

兩條鉛直的直線是
否平行？

這兩個方塊的亮度是一樣的；不妨用鉛筆將交
界線遮起來看看。

這些磚塊是不是彎曲了？

帽子的高度和帽沿寬
度，哪一個比較長？

這些線條在動嗎？

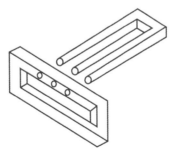

你可以讓工廠照做出圖
上的東西嗎？

觀念摘要

光在真空中的速率是 300,000 公里／秒，而在一般物質中的平均速率
比這個值來得小。

光是一種能量，以特定頻率範圍內的電磁波來傳播。

◆ 光是由原子內的電荷振動所產生的。

◆ 光所能透射的物質，其中的原子會把能量吸收，然後立刻以光
的形式再發射出來。

◆ 如果光無法透射某種物質，是因為光能轉換為原子的隨機運動
的動能。

光波是橫波，因此可以被偏振（變成單一方向的振動）。

◆ 光射到偏振濾光鏡時，與濾光鏡的偏振軸平行的光波會通過，
與偏振軸垂直的光波則會被擋住，產生出來的就是偏振光。

重要名詞解釋

光子 photon 是指在電磁輻射的粒子模型中，一種僅以光速運動的粒子，而且其能量與波動模型中的輻射頻率有關。（27.1）

光年 light-year 光在眞空中於一年內行進的距離。（27.2）

電磁波 electromagnetic wave 由電荷振動而發射出來的波，部分為磁性，部分為電性，且攜帶能量。（27.3）

電磁波譜 electromagnetic spectrum 是指從無線電波至加瑪射線的頻率範圍。（27.3）

紅外線 infrared 頻率低於紅色可見光的電磁波。（27.3）

紫外線 ultraviolet 頻率超過紫光頻率的電磁波。（27.3）

透明 transparent 形容可讓光線做直線穿透的物質。（27.4）

不透明 opaque 形容吸收光線、但不再重射出光線（因而不會讓光線透射）的物質。（27.5）

射線 ray 很細的一束光線。（27.6）

陰影 shadow 光線照射在一物體上，因而無法到達該物體另外一邊，所產生的陰暗區域。（27.6）

本影 umbra 陰影中較暗的部分，也就是所有的光線都被擋住的部分。（27.6）

半影 penumbra 當光源發出的光線部分被擋住、部分未擋住時，所照射出來的部分陰影。（27.6）

偏振 polarization 將橫波中的振動調為一致的作用或過程，通常是將在其他方向振動的波過濾掉。（27.7）

借題複習

1. (a)光子是什麼？

 (b)光子和哪一種光的理論較爲一致？是波動說，還是粒子說？
 （27.1）

2. 光橫越過地球繞日軌道的直徑要花多少時間？（27.2）

3. 邁克生是如何知道光來回一座遠山一趟所花的時間？（27.2）

4. 光需要多少時間，才能從太陽走到地球？從半人馬座 α 星走到地
 球又要多久呢？（27.2）

5. 光要花多久才能走過一光年的距離？（27.2）

6. 電磁波的波源是什麼？（27.3）

7. 可見光譜只是電磁波譜的一小部分嗎？試說明理由。（27.3）

8. 紅外線、可見光和紫外線，這三者的頻率有何關係？（27.3）

9. 電荷的強迫振動頻率，和本身的慣性有何關聯？（27.4）

10. 不同的鈴鐺和音叉都有各自的固有振動頻率，被敲擊時會發出各
 自的聲音。此現象跟原子、分子與光有什麼相似處？（27.4）

11. 照射到窗玻璃上的光，在穿透過玻璃時的速率會變慢，那麼在透
 射出玻璃之後，速率會變得更慢？還是會回到原來的速率？請說
 明。（27.4）

12. 玻璃的固有頻率若是和光的頻率相同，玻璃對光是否爲透明？
 （27.4）

13. 在普通物質內，光被吸收後再發射出來所花費的時間（時間上的
 延後），會影響光在物質內的平均速率嗎？（27.4）

14. 你爲什麼覺得光在大氣中的速率比在眞空中慢？（27.4）

15. 當光波碰到物質，會使其中部分原子內的電子振動相當長的一段

時間。這種情況下的振動能量，會被吸收而轉換成熱能呢？還是被吸收之後又重新射出光波？（27.4）

16. 物質的透明或不透明，是由什麼因素決定的？（27.4～27.5）

17. 爲什麼金屬看起來閃閃發亮？（27.5）

18. 請說明半影與本影的差別。（27.6）

19. (a)請說明日食和月食的不同。

    (b)如果以肉眼直視日食和月食，哪種較容易傷到眼睛？（27.6）

20. 偏振光與非偏振光有何不同？（27.7）

21. 爲什麼普通燈光與燭光都是非偏振光？（27.7）

22. 從水平的表面反射出的強光的偏振是什麼方向？（27.7）

23. 看 3D 幻燈片或 3D 電影時，每隻眼睛其實是在看不同的投影影像，請問偏振濾光鏡是如何做到這點的？（27.8）

想清楚，說明白

1. 你能引用什麼證據，來證明光能夠在眞空中傳播？

2. 如果邁克生所用的八面鏡的轉速，是開始在目鏡看見光時的轉速的 2 倍，是否還能看見光呢？如果是 2.1 倍呢？請說明。

3. 如果邁克生當初使用的是六面體來實驗，而不是八面鏡，它必須比八面鏡轉得快還是慢，才能測得光速？

4. 我們在晴天和陰天都會曬黑，但如果隔著玻璃，就不會曬黑，爲什麼？

5. 如果對著樹射擊，子彈在樹幹裡的速率會變慢，使得穿透之後出來的速率低於初速。可是，當光照射在玻璃上，縱然在玻璃內光的速率會變慢，透射出來之後的速率卻和原來的速率一樣，請說

明原因。

6. 已知玻璃原子與波長較短的可見光發生交互作用的次數,比與波長較長的可見光來得頻繁。如果請你比較藍光與紅光,你認為哪種光穿過玻璃所花的時間比較久?

7. 若同樣的陽光照射在一副閱讀眼鏡和一副太陽眼鏡上,你覺得哪一副眼鏡的溫度會比較高?為什麼?

8. 為什麼高空飛過的飛機幾乎或根本不會在地面上投射出陰影,而低空飛過的飛機卻能投射出相當明顯的陰影?

9. 理想的偏振濾光片只會讓50%的非偏振入射光通過,為什麼?

10. 若把兩片理想的偏振濾光鏡,以偏振軸相互平行的方向重疊,會有百分之多少的光穿過?如果讓兩偏振軸互相垂直,又有多少光通過?

第 28 章

顏　色

玫瑰是紅色，紫羅蘭是藍色，畫家對顏色有興趣，物理學家也對顏色覺得好奇。對物理學家來說，顏色不存在於物體的本質當中，而是在觀看者的眼中，是由物體發射或反射出來某種頻率的光，所引發的感覺。玫瑰花將某些頻率的光映入我們眼中，所以我們看到它是紅色的，其他頻率的光則會引發我們看到其他顏色的感覺，至於這些頻率的光是否真的被感受成各種顏色，則取決於每個人或動物的眼腦系統；許多生物看不出玫瑰花的紅色，有色盲的人也體會不到紅色。

28.1 可見光譜

牛頓是第一個有系統研究色光的人，他把一束太陽光射過三角形的稜鏡，三稜鏡將太陽光變成一長條顏色的排列，投射在白紙上，因而證明出，太陽光是由彩虹的七種顏色混合組成的。他把這展開的色光稱爲光譜，並指出其中的顏色依序爲紅、橙、黃、綠、藍、紫。

太陽光是白光的一個例子，在白光的照射下，白色的物體呈現白色，有顏色的物體則顯現出本身的顏色。牛頓稍後又用了第二個三稜鏡，將光譜中的色光重新結合成白光，這就證明了，光譜顏色是白光本身的特性，並非稜鏡的性質。換句話說，將所有色光加在一起，會結合成爲白光，說得更嚴格些，白色不是一種顏色，而是所有色光的結合。

同樣的，黑色也不是顏色，它只是缺乏光。物體呈現出黑色，是因爲它把所有可見頻率範圍內的光都吸收了，煤炭就是光的絕佳吸收體，所以看起來很黑，未經打光的黑絲絨也是良好的吸收體。但是在某些情況下，磨光的表面也會看起來像黑色的，例如磨得非常光亮的刀片雖然不是黑的，但如果把很多疊起來，然後從刀口看進去，就會是黑色的；這是因爲光照進刀刃間的細縫時，都被困在裡面，並在其間做多次反射之後被吸收掉了。

不過，你能看得見的黑色物體，並不會將照射到它們的光全部吸收掉，總會從表面反射一些光回來，否則你根本不可能看見這些物體。

▼圖28.1
在觀看者的眼中的顏色

圖28.2▶
太陽光穿透過三稜鏡後,分解出
七彩光譜。(此為電腦繪製圖)

28.2 顏色與反射

　　你周圍大部分景物的顏色,是產生自它們反射光線的方式。光自物體表面反射的方式,很類似聲波從一支受強迫振動的音叉「反射」回來的方式。一支音叉也可以被不同頻率的聲波影響而振動,只是振幅非常小而已;對原子和分子來說,情形也大致相同。我們可以把原子和分子想像為三維空間的音叉,而把原子內的電子看成在軌域上繞著原子核轉動的小小振盪器。電子受到電磁波(比如光波)的振動影響後,可以被迫躍進到較外層的軌域上,就像聲學上的音叉,電子一受激成較活躍的運動狀態時,就會向所有方向釋放

出能量。

　　不同的物質，吸收和放出輻射的固有頻率也不相同；在其中一種物質中，電子很容易以某些頻率來振盪，而在另一種物質中，容易使電子振盪的又是另外某些頻率。在共振頻率時，電子振盪幅度最大，光就被吸收了（你可以回想前一章提過的，玻璃會吸收紫外線的原因就是這個），但當頻率高或低於共振頻率時，光會被重新發射出來。如果物質是不透明的，光碰到物質之後又回射到介質之中，這就是反射。

　　大多數的物質會吸收某些頻率的光，而將其他頻率的光反射回來，例如某物質只反射紅光，而把其餘頻率的可見光吸收掉，這物質就顯現出紅色。如果另外有個物質反射所有頻率的可見光，譬如圖28.3的左邊方塊，那麼用什麼顏色的光照射，它就是什麼顏色的。倘若一物質會吸收所有的光，就沒有光反射，所以呈現黑色。

　　白光照射在一朵花上時，某些頻率的光會被花的細胞吸收，有些頻率的光則反射回來。含葉綠素的細胞會吸收大多數頻率的光，

◀圖28.3
左邊的方塊，將所有照射上去的光都反射回來，所以在陽光下就呈現白色，若以藍光照射就呈現藍色；右邊的方塊則將照射其上的所有色光都吸收掉。在陽光下，右邊的黑色方塊要比左邊的白色方塊溫度高。

動物學中的物理

變色蜥蜴

變色蜥蜴能因應環境或情緒而改變自己的顏色，牠的皮膚由一層層紅色、黃色、藍色的色素細胞及一種褐黑色素所組成。變色蜥蜴能夠膨脹其中一種色素細胞，而讓其他顏色的色素細胞收縮，而產生不同的外皮色彩。這種蜥蜴會依據自己所處的狀況（譬如休息、求偶、戰鬥）來變色，特別是在憤怒時，褐黑色素大量湧起，遮蓋掉其他顏色，因此全身呈現深色。

反射綠光的部分，因而呈現綠色；另一方面，紅玫瑰的花瓣主要反射紅光，和極少量的藍光。有趣的是，大多數的黃色花朵，例如黃水仙花，除了反射黃光，也反射紅光和綠光，以黃水仙為例，它所反射的光的頻率帶很寬。大多數物體反射出來的色光，並非單純一種頻率的色光，而是包含了一個頻率範圍的色光，例如黃色，可能只是藍光和紫光以外的多種色光的混合色，也有可能是由紅光與綠光加起來的顏色。

值得注意的是，物體反射的光，只限定於照射光所含的頻率，因此，物體呈現的顏色必須視照射光的種類而定。燭光發射出來的光是頻率偏低的黃色光，所以物體在燭光下是偏黃色的；白熱燈泡會發射所有頻率的可見光，只是在頻率較低的區域較多，所以較偏紅色；螢光燈則以高頻率帶較多，因此在螢光燈下較偏藍色。舉例來說，衣服上如果有個小紅點，那麼在白熱燈泡下比在螢光燈下更為明顯。

此外，顏色在日光下又會跟上述各種燈光下看到的不同（圖

28.4）。儘管在陽光下，兩物體的顏色差異很容易判別，但我們看物體時感受到的顏色是主觀的，會因光源而異。

▲圖28.4
顏色因光源而異

28.3　顏色與透射

　　透明物體的顏色，是由透射光的顏色來決定，譬如紅色玻璃，就是因為白光之中的紅光才能透射，而其他的組成色光全被吸收掉，所以呈現紅色。同樣的，藍色玻璃看起來是藍色，是因為它主要是讓藍光透射，而吸收掉其餘顏色的光。

　　在玻璃內，會選擇性吸收有色光的物質叫做色素。從原子的觀點來看，色素原子中的電子會將照明光中特定頻率的光，選擇性吸收了，而其餘頻率的光就在玻璃的原子與原子間重新發射，被吸收的光能會使原子的動能增加，而使玻璃溫度升高。普通的玻璃透明無色，是因為所有頻率的可見光都能以相同的程度透射。

圖28.5 ▶
藍色玻璃只讓藍光頻率的能量透
射過去；其餘頻率的能量被吸
收，而使玻璃加溫。

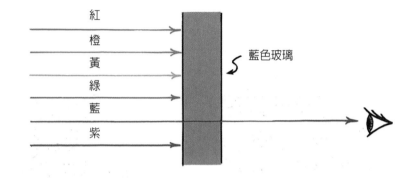

紅
橙
黃
綠
藍
紫

藍色玻璃

Question

1. 用紅色光照射紅玫瑰時，葉子會比花瓣溫度高，為什麼？

2. 用綠色光照射紅玫瑰時，花瓣會變成黑色，為什麼？

3. 用紅色光照射熟香蕉時，香蕉會呈現什麼顏色？用黃色光照射呢？用綠光呢？用藍光呢？

Answer

1. 因為紅色的花瓣反射紅色光，所以呈現紅色，而葉子是吸收紅色光，而不是反射，因此溫度比較高。

2. 花瓣會吸收綠色光而不是反射。因為只有綠色光照射在玫瑰上，而且綠色光裡沒有紅色光會被反射，所以整朵玫瑰看起來沒有色彩，因此呈現黑色。

3. 香蕉會反射紅光、黃光和綠光，所以若是以這些顏色的任何一種光來照射，它就反射用來照射的那種色光，也就呈現那種顏色。然而香蕉不會反射藍，所以用藍光照射時就呈現黑色。

> **物理 DIY**
>
> ### 反射
>
> 　　拿一根點燃的蠟燭、點燃的火柴棒，或任何細小的白光
> 光源，放在你和一面有色玻璃之間，你應該就會看到玻璃反
> 射出兩個影子：一個反射自玻璃靠近你的這個面，一個反射
> 自離你較遠的背面。想一想，前面反射出來的火光是什麼顏
> 色？背面反射出來的又是什麼顏色？兩者有沒有不同？如果
> 不同，為什麼？

28.4　陽光

　　自太陽發射出來的白光，是所有可見頻率的合成。陽光中各頻
率的亮度並不平均；圖28.6是頻率對亮度的分布圖，圖中顯示，陽
光中頻率最低的紅色部分的亮度，不如中央的黃色與綠色部分的亮
度。黃綠色的光是陽光中最明亮的部分。

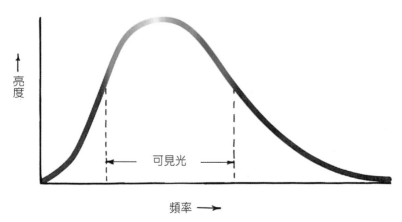

◀圖28.6
陽光的輻射曲線是描述「亮度對
頻率」關係的曲線，陽光中最亮
的是黃綠色區域，在可見光範圍
的中間部分。

因為人類生活在陽光之中，所以我們對於黃綠色最為敏感，是毫不令人訝異的事，這可以解釋為何在晚上以黃色的鈉燈來照明，會比同亮度的鎢絲燈泡照明看得更清楚。陽光中的藍光部分不如黃綠光明亮，紫色光的部分就更暗了。

如圖28.6的這種亮度對頻率分布圖，叫做陽光的輻射曲線，反射回來的陽光產生的大部分白光，都有這種頻率分布。

28.5　有色光的混色

將所有可見頻率的光混合起來，會產生白光，比較有趣的是，僅將紅、綠、藍三種顏色的光混合，也會產生白光；如圖28.7所示的，以同樣亮度的紅、綠、藍三種有色光重疊在屏幕上，就混合出白色的光來。只將紅光和綠光重疊，呈現黃色，紅光和藍光兩色混合出來的是略帶藍色的紅光，叫做洋紅，而綠光和藍光混合成略帶

▼圖28.7

將亮度相等的紅光、綠光及藍光，投射到白色屏幕上，重疊的各個區域呈現出不同的顏色，而三種顏色重疊的區域呈現白色。

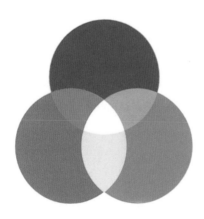

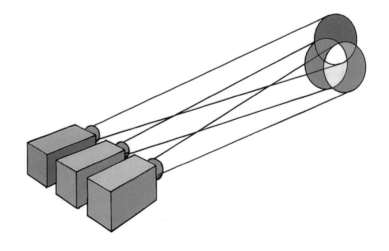

綠色的藍光，稱爲青色。

　　如果我們將白光的整個涵蓋頻率，分成低頻（紅光）、中頻（綠光）及高頻（藍光）三個頻率區來看，你就更容易了解這個現象了（圖28.8）。低頻率與中頻率合成之後，呈現出人眼可見的黃色，中頻率與高頻率合成是綠藍色（青色），低頻率與高頻率混合起來則呈現藍紅色（洋紅色）。

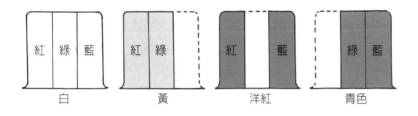

◀圖28.8
白色光的低頻率、中頻率，及高頻率三個部分，分別呈現紅色、綠色及藍色。用人的眼睛來看，紅＋綠＝黃，紅＋藍＝洋紅，綠＋藍＝青色。

　　事實上，幾乎所有的顏色都可以用三種顏色的光變換亮度重疊合成，這種神奇的現象，與人類眼睛的運作方式有關。三種色光不限定是紅、綠和藍光，不過，用這三種色光可以調配出最多種不同的顏色，因此紅光、綠光和藍光，就被稱爲加法混色的三原色光。

　　彩色電視的原理，是利用人眼可把三種色光的混合色看成各種不同顏色的能力。近距離仔細觀察彩視映像管畫面，你會看到這畫面是由許多小點集合組成，每個小點的直徑不到一公厘。螢幕上的光點有些是紅光，有的是綠光，還有一些是藍光，稍離遠一點看時，這些顏色就混合成一個完整的顏色範圍，當然也包括白色。

　　在舊式的黑白電視螢幕上，最暗的顏色其實只是映像管屏幕本身的原色，即淡灰色，而不是黑色。我們的眼睛會受螢幕上明亮對比的影響，使我們把灰色看成黑色；這是因爲在我們的腦中把它變成黑色的緣故。

28.6　互補色

如果我們將三原色的光任取兩種混合，會發生什麼情形？

紅色＋綠色＝黃色

紅色＋藍色＝洋紅色

藍色＋綠色＝青色

然後再參閱第 91 頁的圖28.7，稍加思索之後就可得知：在上面的公式後面再加上第三種原色光，便成為白色。

黃色＋藍色＝白色

洋紅色＋綠色＝白色

青色＋紅色＝白色

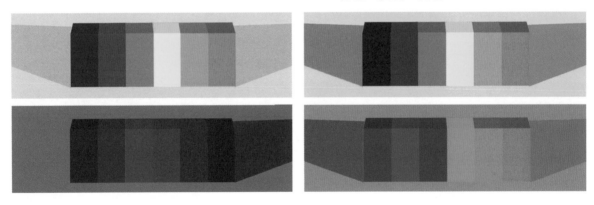

▲圖28.9

此為電腦模擬圖。（左上）在白色光下，方塊顏色由右至左依序為紅、橙、黃、綠、藍和紫色，陰影是灰色的。（右上）自左方以紅光照射，並自右方以綠光照射時，這些方塊不會反射藍光，而右邊的陰影，因為紅光非常薄弱，遂呈現綠色；同理，左邊的陰影呈現紅色，背景同時反射紅光與綠光，因而呈現黃色。（左下）方塊被藍光從左側照射後的情形。（右下）方塊被紅光從左側、與藍光從右側照射後的情形。你能解釋下面這兩張圖中，陰影與背景為何會呈現這樣的顏色嗎？

當兩種顏色混合之後產生白色，這兩種顏色就稱爲互補色。例如，經上式我們看到黃色與藍色爲互補，因爲黃色是紅色與綠色混合成的，而紅色、綠色和藍色混合起來又呈現白色。同理，洋紅色與綠色爲互補色，青色與紅色亦爲互補色。每種顏色都能與另一種顏色混合成白色，意思就是，每種顏色各有其互補色。（請注意，我們這一節所說的顏色都是指色光的顏色，不是顏料的顏色。顏料色的三原色及調色，與有色光的情形並不相同。見下一節。）

現在如果你從白光開始，把其中一種顏色「減」掉，呈現出來的顏色就是被減掉顏色的互補色。照射在物體上的光，有一部分被吸收，一部分被反射，其中被吸收的部分，即是自入射光減掉的部分；舉例來說，如果白光照射在吸收紅色光的色素上，反射光就會呈現青色。吸收藍色光的色素會呈現黃色，同樣的，吸收黃色光的色素就呈現藍色。只要你從白光中減除一種顏色，就可得到該顏色的互補色。

⑦ Question

1. 洋紅色光、藍光及青色光的互補色各是什麼色？
2. 紅色光加上藍色光，會呈現什麼色？
3. 白光減掉黃色光，會呈現什麼色？
4. 白光減掉綠色光，會呈現什麼色？

④ Answer

1. 各爲綠色、黃色及紅色。
2. 洋紅色。
3. 藍色。
4. 洋紅色。

物理 DIY

視網膜疲勞

當你對有色物體凝視一段時間，眼球中的顏色接受體會發生疲勞。試做以下的動作，看看會發生什麼事：凝視這面美國國旗一分鐘左右，然後把臉轉開看一張白紙，你是不是看到一個由互補色組成的餘留影像？這是因為疲勞的接受體把較微弱的訊號送到腦部。眼前的白色減掉你凝視過的顏色，就產生它的互補色。有趣嗎？對其他的顏色再做幾次同樣的實驗吧。

28.7 顏料的混色

會畫畫的人都知道，如果我們將紅色、綠色和藍色顏料調在一起，結果不是白色，而是一種渾濁的暗褐色；同樣的，紅色顏料加上綠色顏料，也無法像紅色光加上綠色光那般，調成黃色。混合顏料和染料，與混合有色光，是完全不同的兩回事。

顏料和染料是由很細的色素顆粒組成，這些顆粒會先吸收某些頻率的光，並反射其他頻率的光，藉此來產生顏色。色素會吸收相當大範圍頻率的光，同樣也會反射大範圍頻率的光，因此就這層意義來說，色素反射的是混合色。

例如藍色顏料，反射的主要是藍光，但也反射紫光和綠光，而它吸收的光是紅光、橙光和黃光。黃色顏料反射的主要是黃光，但

也反射紅光、橙光和綠光，而吸收藍光和紫光。所以當我們把藍色和黃色兩種顏料調在一起時，就會吸收除了綠光之外的全部色光，也就是兩者都能反射的只有綠光（圖28.10），這也正是混合之後成爲綠色的原因。爲了與前面談到的色光混合效果有所區別，這種過程特別稱爲「減法混色」；前者則稱做「加法混色」。

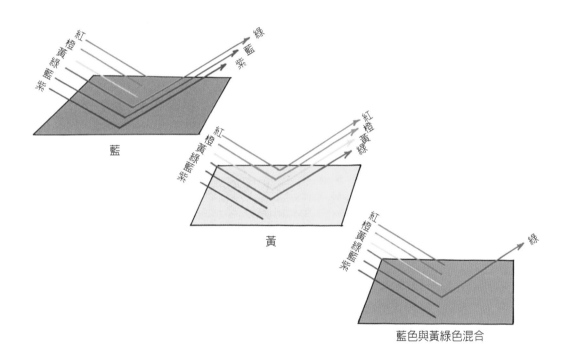

▲圖28.10
（左）藍色色素不僅反射藍色光，也反射藍光兩旁的綠光和紫光，但吸收紅光、橙光和黃光。（中）黃色的色素不僅反射黃色光，也反射紅光、橙光和綠光，但吸收藍光和紫光。（右）將藍色和黃色兩種色素混合時，唯有綠色光是共同反射的光，白色入射光中的其他色光都被減掉了。

所以，當你為學校裡的戲劇演出打舞台燈光時，要用相加規則來製造各種顏色，但是在畫畫時，就要應用顏色的相減規則來調顏料。

　　你小時候也許聽老師說過，用蠟筆或水彩畫畫時，可以用所謂的三原色，也就是紅、黃、藍三色，調出任何你想要的顏色。事實上，在調配顏料或染料時使用的減法混色當中，最有用的三種顏色是洋紅、黃色及青色，也就是減法混色的三原色，應用於全彩印刷的正是這些顏色。（請注意，調顏料或染料時，是使用減去法將洋紅、黃色及青色調出其他的顏色；而在調色光時，則使用相加法，此時紅、綠、藍三種色光是最有用的基本燈光。）

　　彩色印刷是在每一頁上連續壓印四次，每次依序使用不同顏色（洋紅、黃、青及黑）的油墨。每種油墨用不同的版，將油墨印到紙上。版上的油墨以很微細的小點來調節，你可以用放大鏡仔細看本書或任何雜誌上的彩色圖片，就看得到這三種顏色及黑色如何重疊出多種顏色。

表28.1　顏色減去法		
色素	吸收	反射
紅色	藍光、綠光	紅光
綠色	藍光、紅光	綠光
藍色	紅光、綠光	藍光
黃色	藍光	紅光、綠光
青色	紅光	綠光、藍光
洋紅色	綠光	紅光、藍光

28.8 天空為何是藍色？

如果某一特定頻率的聲波傳向一支頻率相近的音叉，這支音叉會被引發振動，並將聲波向多種方向重新發射出去，我們說這支音叉在「散射」聲音。在大氣中，空氣分子與相距遙遠的灰塵之間，也會依照類似的過程散射光線。

我們在前面討論過，原子和分子的反應類似微小的光學音叉，能將照射其上的光波重射出去；非常微小的粒子也是如此，粒子愈小，能散射的光波頻率愈高，就好像小鈴鐺發出的音比大鈴鐺要高一樣。組成大氣的氮分子、氧分子及許多微小粒子，在吸收了太陽光的能量之後，就會像小鈴鐺般以高頻率「發聲」，而重射光波也會如鈴鐺發出的聲波一樣，向四面八方傳播而被散射出去。

太陽射出的紫外線，大部分會被大氣上層的臭氧層吸收，其餘的紫外線則在通過大氣時，被粒子和空氣分子散射。在可見頻率的範圍內，紫色光被散射得最多，其次依序為藍色光、綠色光、黃色光、橙色光，最後是紅色光；紅色光被散射的程度僅有紫色光的十分之一。雖然紫色光散射得比藍光多，可是我們的眼睛對紫色光不太敏感，卻對藍色光比較敏感，所以我們會看見藍色的天空。

天空的藍色也會因空氣的成分而異。在含塵量高，或大氣中含有比氧分子、氮分子大的其他粒子的地區，會有較多低頻率的光被散射，使天空看起來沒那麼藍，而是略帶白色。大雨過後，空氣中的塵粒及廢氣被雨水洗刷掉，天空就呈現較深的藍色。

在大氣層的愈高處，空氣裡可散射的分子也愈少，因此顏色看起來愈暗。在沒有空氣分子的地方，例如在月球上，「天空」就變

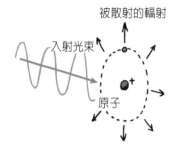

▲圖28.11
一束光線射到原子上，使原子內的電子暫時移到外層的軌域，而這些振盪更為活躍的電子，會向四面八方放射光波，光就因此被散射了。

成了黑色。

　　許多大小不等的水滴（其中有些非常微細）聚集起來，就成爲雲朵。水滴的不同大小，造成各種頻率的光的散射，較大的水滴散射低頻率的光，微小的水分子則散射高頻率的光，總合起來的結果就是白雲。小水滴中的電子會一起同步振動，因而比同等數量的電子分別振動所能散射出的能量要多，因此雲的顏色才會這麼明亮！

圖28.12▶
天空是藍的，是因為空中的微小粒子會散射高頻率的光波；組成雲朵的水滴大小不一，因此會散射各種不同顏色的光，這正是雲朵為白色的緣故。我們透過藍色的天空看遠山，使得遠山看起來也是藍色的。

28.9　夕陽為何是紅色？

　　在氮分子和氧分子中，頻率愈低的光被散射得愈少，因此紅色光、橙色光和黃色光，就比紫色光和藍色光更容易透射過大氣。被散射最少的紅色光，在穿透大氣層時，與空氣中的物質產生交互作

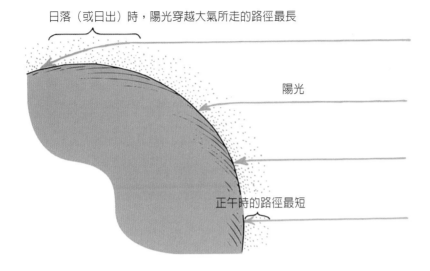

日落（或日出）時，陽光穿越大氣所走的路徑最長

陽光

正午時的路徑最短

◀圖28.13
日落時，陽光必須穿越大氣層所
經過的路徑，比正午時來得長，
使得較多的藍色光被散射，等到
夕陽餘暉到達地面時，只有低頻
率的光穿透過來，所以使夕陽呈
現紅色。

用的可能性比其他顏色的光要低，因此，光線穿過厚厚的大氣時，低頻率的光可以透射，高頻率的光則被散射。日出和日落的時候，陽光穿過大氣到達地面需走的路徑，比正午時來得長。

正午時，陽光抵達地面所穿越的大氣層路徑最短（圖28.13），這時只有最少量的陽光被大氣散射。當時間繼續流逝，太陽在空中的位置愈來愈低時，陽光穿越大氣層的路徑也漸漸加長，因此較多的藍色光被散射。由於抵達地面的藍色光愈來愈少，太陽看起來也漸漸變紅，從黃色變成橙色，最後成為落日的橘紅色。（早晨從日出至中午的過程則恰恰相反。）

太陽和天空的顏色變化，與前面討論過的混色規則是一樣的。從白光中減掉藍光之後，留下來的互補色是黃色，若減掉紫光，留下的是橙色，減掉綠色光則留下洋紅色。光的散射量與大氣的狀況有關，每天的大氣狀況都不同，因此落日的顏色也會發生變化。

圖28.14 ▶
日落時的天空呈紅色，是因為少
了高頻率的光。

　　下次當你發覺自己好喜歡那乾淨的藍天，或因為看到白雲的變化而感到欣喜，又或者在觀賞著美麗的落日的同時，不妨想一想，眼前是許多細小到幾乎看不見的光學音叉，在不停振動著，你一定會更加珍惜這些每天都看得到的自然奇景！

❓ **Question**

1. 如果天空中的分子散射較多的低頻率光，而散射較少的高頻率光，那麼日落時的天空和太陽會是什麼顏色的？

2. 遠山的暗顏色看起來往往帶點藍色，請問這個藍色的來源是什麼？（提示：在你和山之間，你看到了什麼？）

3. 山頭覆蓋著雪的遠山反射出大量強光，可是有時候看起來略帶黃色（視你和山的距離有多遠），為什麼？（提示：從山頂反射回來的白光傳到你眼睛的途中，發生了什麼情況？）

Ⓐ Answer

1. 如果低頻率的光被散射得較多，陽光中的紅色光在日落時就會在穿透大氣的長路徑中先散射掉，抵達你眼睛的陽光大部分就會是藍色光和紫色光，於是夕陽就變成藍色的了！

2. 如果你望著遠處的暗色群山，從遠山傳過來的光實際上非常少，主要的反而是遠山和你之間的大氣的藍色。藍色是遠山與你之間這片低矮「天空」的顏色。這正是遠山看似藍色的原因！

3. 遠處覆蓋著雪的山頂往往呈現淡黃色的原因是，從山頭的白雪反射出來的白色光中，藍色光在傳播到你的眼睛途中被散射了。藍色光被散射之後，白色光會發生什麼情況呢？答案是，它會留下互補色，也就是黃色。

　　爲什麼在黑色背景下，你能看見散射的藍色光，但在明亮的背景顏色下卻看不見？這是因爲散射的藍色光很淡，而淡的顏色在黑暗的背景襯托下看得見，但在明亮的背景下看不出來。例如我們從地球表面看大氣，由於以黑暗的太空爲背景，所以看到大氣是藍色的天空；反之，太空人從太空透過同樣的大氣看地球時，由於地球表面顏色明亮，於是就看不見同樣的藍色。

28.10　水為何是青色？

　　平常我們看見的湖面和海面，是一種美麗的深藍色，但這並不是水眞正的顏色，而是天空反射的顏色。當你看水中白色物體的時候，就可以看見，水本身的顏色是淡淡的青色。

▲圖28.15
海水因為吸收紅色光,故呈青色。海浪的浪花由各種大小的水滴構成,會散射各種顏色,因而呈白色。

　　水對幾乎所有的可見光都是透明的,但因為水分子在紅外線的頻率會發生共振,所以水會吸收紅外線。紅外線的能量會轉換成水分子的動能,提高水的溫度,所以紅外線是陽光使水溫上升的主要因素。

　　水分子與紅色可見光會產生某種程度的共振,使紅色光逐漸被水吸收。在15公尺深的水下,紅色光的亮度只有原來的四分之一,而在30公尺深的水下,陽光中的紅色光已經幾乎穿透不進來了。從白光當中減掉紅色光,剩下的是什麼光?另一種問法是:紅色的互補色是什麼?答案就是:青色,一種藍中帶綠的顏色。在30公尺深

的海面下，每樣東西看起來都是藍中帶綠。

　　有趣的是，諸如螃蟹之類的海中動物在深水裡是黑色的，但拿到水面上看卻變成紅色。在海底深處，紅色與黑色看起來都一樣，因此黑色與紅色的海洋動物不易被掠食者發現。在演化的過程中，牠們存活了下來，而較容易被看見的種類則逐漸被淘汰。

　　總而言之，天空呈藍色，是因為陽光中的藍色光易被大氣中的分子向四面八方重射出去，而水呈青色，則因為陽光中的紅色光易被水分子吸收。物體的顏色既決定於該物體的分子反射什麼顏色的光，也要由分子吸收什麼顏色的光來決定。

28.11　原子的顏色規則──原子光譜

　　當我們讓元素發光時，每種元素都有自己的特性顏色。如果原子間的距離夠遠，遠到使原子的振動不受鄰近原子干擾，它們就會發出自己的本來顏色。這種情形可以在原子處於氣態時發生；例如氖氣會發出亮紅色的光，汞蒸氣發出藍紫色的光，氦氣發出粉紅色的光。（在固態時，譬如燈泡中的燈絲，原子會擠在一起，因此它們的特性顏色會混合成一個連續光譜。）每種元素發出的光，都和其他元素不同。

　　元素燃燒時發出的光，可以用一種叫做分光儀的儀器來分析。本章開頭簡單介紹過牛頓用稜鏡對光做的研究，牛頓所進行的第一個實驗得到的光譜很不純正，因為他使用的光源是讓陽光穿過窗簾上的小圓孔，然後再將這些圓形影像重疊。後來他又做出了一個比較清楚的光譜，這次他先讓光源通過一條狹縫，然後用凸透鏡將光

聚焦之後再通過稜鏡，最後再照射到白色屏幕上（圖28.16）。如果把狹縫做得很窄，就可以減少光影重疊的現象，得出來的光譜會更清晰。

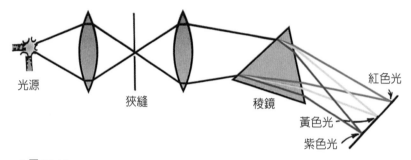

光源　　　　　　狹縫　　　　　稜鏡

紅色光

黃色光

紫色光

▲圖 28.16

使白光通過狹縫、兩面透鏡及一個稜鏡，可以得到相當清楚的光譜。

這種狹縫、透鏡與稜鏡（或用繞射光柵來代替）的組合，正是分光儀的基本要件。（雖然繞射光柵與稜鏡的功能不一樣，但兩者同樣能使光分散成光譜。事實上，繞射光柵比稜鏡更常使用在分光儀上。光譜儀與分光儀相似，只是光譜儀多了一種測定光譜波長及記錄光譜的能力。）分光儀能顯示受熱氣體所發出的光和其他光源的光譜，我們可以透過一個放大目鏡，看到這個光譜。

用分光儀分析燃燒元素發出的光時，可以看見顏色是由各種不同頻率的光的合成。如圖28.17所示，元素的光譜看起來不像一片連續的色帶，而是一系列的色線，每條線對應一特定頻率的光；這種光譜稱爲線光譜。在分光儀中看到的譜線，就是光線通過狹縫之後產生的影像。需注意的是，每一條色線在線光譜上的位置，正好跟該顏色在連續光譜中的位置相同。

▲圖 28.17
此為幾種光譜的電腦繪製圖；由上到下分別為：白熱燈泡的連續光譜、氫的線光譜、鈉的線光譜，及汞的線光譜。

　　不同元素發出的光，各有自己的特徵譜線圖樣，因為每種元素都有自己的獨特電子組態，當原子內的電子從一種能態轉變到另一種能態時，會發射出特殊頻率的光波。（物質燃燒時發光或做為照明的光源時，其原子中的電子所進行的活動，與只是將照射在物質上的光反射時的活動不同，這個區別不宜在此詳細討論，只能說物質在燃燒時，原子內的電子是在一種叫做激發的過程當中，跳到較高能態的軌域上。）

　　原子在氣態時發出的光的頻率，相當於該元素的「指紋」。物理

學家就是經由原子光譜的研究，而取得與原子結構有關的大部分知識；常見的物質、太陽和遙遠星系的原子組成，都可從各自的光譜當中發現，甚至氦元素，這個在宇宙中第二多的元素，也是因為在太陽光中找到它的「指紋」而發現的。光譜儀確實是個非常有用的工具！

法國的拿破崙皇帝於1821年辭世後，不少科學家用分光儀分析他的頭髮，發現其中含有極毒的砷元素，於是懷疑拿破崙是被毒死的。可是近年來又有人發現，監禁拿破崙的房子內的壁紙含有高量的砷，因此現在的推測是，潮濕與黴菌有可能使壁紙上的砷變成一種致命的氣體。

觀念一把抓

觀念摘要

白光是由所有可見頻率範圍的光混合而成的。

◆ 黑色是缺乏光；某物體呈現黑色，是因為它吸收掉全部的可見光。

物體的顏色就是它反射的光（如果是不透明物體）的顏色，或是它透射的光（如果是透明物質）的顏色。

◆ 如果物質內電子的固有振動頻率，與照射在此物質上的光的頻率相同，光就會被吸收。

所謂加法混色，就是混合不同頻率的光的顏色。

◆ 我們的眼睛，會把同等亮度的紅光、綠光和藍光的混色，看成白光。

◆ 紅色、綠色和藍色，是加法混色的三原色。

混合顏料或染料，用的是減法混色，混合之後的顏料會吸收大部分頻率的光，只剩下那些提供為特性顏色的光得以反射。

◆ 調顏料或染料時，混合出來的顏料會吸收原先的每種顏料或染料能吸收的所有頻率。

◆ 洋紅、青色及黃色，是減法混色的三原色。

陽光中的藍色光和紫色光向四面八方散射，使我們看到一個藍色的
天空。

◆ 日出和日落時分，陽光越過大氣的路徑較長，只有較低頻率的
光能夠透射，而較高頻率的光都被散射了。

每種元素的原子都有各自的特徵線光譜，這種特性可以用來區別元
素。

重要名詞解釋

光譜　spectrum　讓太陽光或其他白光通過稜鏡或繞射光柵時，可看到分散出來的各種顏色。一般而言，輻射是依照頻率展開的，所以各個頻率的光會顯示在不同位置上。（28.1）

白光　white light　太陽光之類的光，是由所有顏色的光結合而成。在白光的照射下，白色物體即顯現白色，有色物體則顯現其特有的顏色。（28.1）

色素　pigment　一種會選擇性吸收有色光的物質。（28.3）

加法混色的三原色　additive primary colors　指紅光、藍光和綠光。這三種顏色的光相加之後，會變成白光。（28.5）

互補色　complementary colors　相加在一起時會變成白光的兩種光的顏色。（28.6）

減法混色的三原色　subtractive primary colors　指洋紅、黃色及青色三種顏色；這三種原色在減法混色時最為有用。（28.7）

散射　scatter　將聲波或光波吸收之後，重新向四面八方發射出來。（28.8）

分光儀　spectroscope　一種儀器，用來將受熱氣體所發出的光或光源分離成本身的組成頻率。（28.11）

線光譜　line spectrum　使用分光儀觀測受熱氣體時，所見到對應於各特定波長的清晰色線。（28.11）

借題複習

1. 請依序列出光譜的顏色。（28.1）

2. 倘若紅色和綠色是真正的顏色，那麼黑色與白色也是真正的顏色嗎？為什麼？（28.1）

3. 振動中的音叉會發出聲音，那麼原子內的電子振動時會發射出什麼？（28.2）

4. 某一頻率的光碰到有相同共振頻率的原子時，會發生什麼現象？（28.2）

5. 為什麼同一個物體在螢光燈下的顏色，和在白熱燈泡下的顏色看起來不同？（28.2）

6. (a)一個紅色的透明物體可以讓什麼顏色的光透射？

   (b)這個物體會吸收什麼顏色的光？（28.3）

7. 色素的功能是什麼？（28.3）

8. 若只有紅光和綠色光，要怎樣才能在屏幕上產生黃光？（28.5）

9. 將綠光和藍光混色出來的色光叫做什麼？（28.5）

10. 彩色電視的映像管要發出哪些顏色的光點，才能造成全彩的影像？（28.5）

11. 什麼是互補色？（28.6）

12. 藍色光的互補色是什麼顏色？（28.6）

13. 混合色素以產生顏色的過程叫做減法混色；在這裡，我們為什麼要用「減」而不是「加」？（28.7）

14. 用哪幾種顏色的油墨可以印出書或雜誌上的全彩圖片？（28.7）

15. 什麼是光的散射？（28.8）

16. (a)空氣中的微小粒子散射的光是高頻率還是低頻率？

(b)較大的粒子散射的又是哪些頻率的光？（28.8）

17. 爲何天空是藍色的？（28.8）

18. 爲何有些時候天空會略帶白色？（28.8）

19. 爲何浮雲是白色的？（28.8）

20. 爲何夕陽是紅色的？（28.9）

21. 爲何海水是藍中帶綠？（28.10）

22. 分光儀是什麼儀器？有何功能？（28.11）

23. 從燃燒的氖氣發出的紅光只有一種頻率，還是有幾種頻率混合起來？（28.11）

24. 爲何原子光譜可以被認爲是原子的「指紋」？（28.11）

課後實驗

1. 用硬紙板做一個圓筒，兩端用鋁箔覆蓋起來，接著在鋁箔中央以鉛筆各戳一個小洞，使其中一個的直徑約3公厘，另一個爲一倍大。接下來，將紙筒對著彩色的物體，後面背景爲黑色，從較小的洞口看此物體。你會發現，你所看到的顏色會和正常背景下所見的大爲不同。

2. 你的電腦螢幕如果是彩色的，而且又有可控制色彩的程式，不妨做做看這個實驗。將紅色與綠色調至最強，你會看到眼前呈現出黃色，如果再加上三分之二強度的藍色，黃色會變得較亮（而不是較暗）。倘若將紅色、藍色、綠色調至最強，就變成白色了。你有沒有注意到，當你多增加一點光，顏色就變得更亮（更接近白色）？

3. 動手模擬一個夕陽：先在一杯清水中加進幾滴牛奶，然後透過這

杯水看背後的一盞白熱燈泡。你會看到燈泡呈現紅色或淡橙色，
而散射在一旁的光則呈現藍色。不妨試試看。

想清楚，說明白

1. 網球是什麼顏色的？爲什麼？

2. 用紅色光照射一株玫瑰時，爲什麼葉子的溫度升得比花瓣高？

3. 爲什麼光學儀器的內部都漆成黑色？

4. 假設有兩束白光照向一個白色屏幕，其中一束光通過一片紅色玻
   璃，另一束光通過一片綠色玻璃。這兩束光在屏幕上重疊時，會
   呈現什麼顏色？又如果紅、綠兩片玻璃重疊放置，且只有一束光
   射過去，屏幕上會出現什麼顏色？

5. 如果一間服裝店只有螢光燈照明，有位顧客堅持要把選購的衣服
   拿到門外在日光下細看，這要求合理嗎？請加以說明。

6. 一件黃色衣服在日光下是什麼顏色？在黃色燈光下呢？在藍色燈
   光下呢？

7. 如果一個聚光燈被罩起來，使藍色光完全不能從白熱燈絲透射出
   來，那麼它投射出的光束會是什麼顏色？

8. 如何用舞台聚光燈，使表演者身上穿的黃衣服突然變成黑色？

9. 舞台上有位女演員站在紅色光束和綠色光束的交會處。
   (a)在這種燈光下，她身上的白色襯衫會變成什麼顏色？
   (b)她投射在舞台上的影子是什麼顏色的？

10. 彩色噴墨印表機要用哪些顏色的墨水，才能印出你所要的顏色？
    這些墨水是應用加法混色還是減法混色，來組成各種顏色？

11. 在相片上，你的好朋友身上的毛衣是紅色的，那麼在底片上應該

是什麼顏色？

12. 除非房間裡有霧氣或粉筆灰，否則我們看不見穿越房間的雷射光束，為什麼？

13. 「像水滴那麼大的巨大粒子，吸收的輻射比散射的多」，請問要如何利用這個事實，來解釋積雨雲呈黑色的原因？

14. 已知唯一能到達海水深處的光，是綠藍色（青色）的光，而深海中的物體只反射青色，或完全不反射任何顏色。如果有條漆著紅色、綠色和白色的船沈入海底，它會呈現出什麼顏色？

15. 燈絲是由鎢做成的，當鎢絲燒紅時，會發出一個連續光譜，也就是彩虹的七個顏色；可是當鎢氣燃燒時，光譜卻成了離散的色線。兩者的光譜為什麼不同？

第 29 章

反射與折射

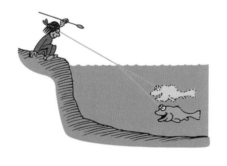

如果你把手電筒照向鏡子，光線不能進入鏡子，而是被鏡面反射回空氣中；若對著峭壁大喊，你的聲音會變成回聲反射回來；沿著軟彈簧傳遞的橫波，碰到牆壁之後也會反向傳回來。像上述這些情況，波只留在一種介質中，而不是進入新的介質，就叫做波被反射了。

此外在其他的情況裡，波會從一種介質傳到另外一種介質，就如光從空氣中進入水中時的情形，當波以某個角度碰到不同介質的界面時，它進入第二個介質的方向會改變，我們就說這波被折射了。斜插在一杯水中的鉛筆看起來好像彎折了，就是折射的證明。

波碰到透明介質的表面時，通常是一部分被反射，一部分被折射，例如光照射到水面，就有一部分被反射，一部分被折射。我們來看看折射是怎樣發生的，就可以了解這種現象。

▲圖29.1
光速的改變會造成折射。

29.1 反射

當一個波抵達兩介質的界面時，一部分或全部都被反彈回第一介質，就是反射。舉例來說，假如你將彈簧的一端固定在牆壁上，沿著彈簧送出一個脈波（圖29.2），結果，由於牆壁比彈簧堅硬得多，因此波的所有能量無法進入牆壁，而是沿著彈簧反射回來——我們稱這種情形為「沿著彈簧傳遞的波幾乎被牆壁全部反射」。

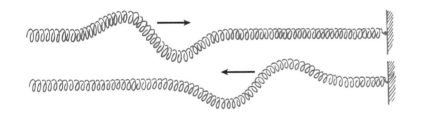

◀圖29.2
當波傳送到完全堅硬的界面，就會全部反射。

如果由不那麼堅硬的介質代替牆壁，例如下頁的圖29.3所示的較粗的彈簧，那麼部分能量會傳到新的介質，一部分仍然被反射，此種情形就稱為「波被部分反射」。

對於照射到金屬表面的光波而言，這表面十分堅硬，因此光波無法傳進金屬內部，只會被反射回來。除了少量的能量會因為表面電子振動產生的摩擦力而損失外，自金屬表面反射的波，強度和入射波幾乎相等，這正是銀、鋁這類金屬閃閃發亮的原因。銀和鋁幾

圖 29.3 ▶
當波傳送到較粗的彈簧時，會部
分反射；一部分的能量彈回第一
段彈簧，其餘的能量則沿著粗彈
簧繼續前進。

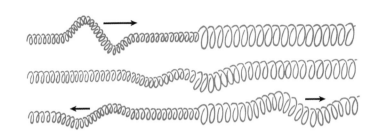

乎可反射全部頻率的可見光，因此它們的光滑表面常用來做鏡子。

相反的，像玻璃、水等其他物質，對光波就不是那麼堅硬了，因此會像圖 29.3 的兩種彈簧一樣，波的能量可同時在界面上反射與透射。光線垂直照射在靜止的水面時，大約 2% 的能量被反射，其餘的能量都穿透過水面；而當光線垂直照射在玻璃表面時，約有 4% 的能量被反射，一小部分損失，其餘則穿透過去。

29.2　反射定律

在一維的情況下，反射波只會沿著來時的方向傳回去，就像讓球直直掉落到地板上時，它會沿著原來的路徑回彈上來。二維時的情形則稍有不同：若將球以一個角度扔向地板，通常它會以同角度向新的方向反彈；光也是一樣。

入射波與反射波的方向，可用直的射線清楚表示出來。如圖 29.4 所示，與界面垂直的直線稱為法線，它與入射線構成的角叫做入射角，與反射線構成的角叫做反射角，這兩個角是相等的，也就是：

$$入射角＝反射角$$

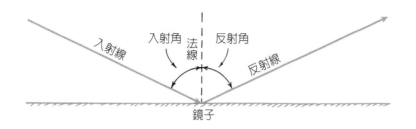

◀圖29.4
反射時，入射線與法線的夾角，
等於反射線與法線的夾角。

這個關係式就稱為反射定律。入射線、法線及反射線，都在同一平面上。反射定律也適用於全反射及部分反射。

29.3　平面鏡

各位可假想一個平面鏡前有一支點燃的蠟燭，燭火的光線被鏡面向各方反射，射線的數量是無限的，可是每條射線都遵守反射定律。在圖29.5裡，我只用兩條射線來表示光線從火焰頂端發出，經過鏡面反射到你的眼睛的情形。請注意，這兩條射線從火焰頂端開始發散，而在從鏡面反射的過程中也繼續發散。這些發散的光線看起來很像是來自鏡子背後的某一點，所以你會在鏡子裡（事實上是鏡子背後）看見蠟燭的像，這種像叫做虛像，因為實際上光線並非來自你看到的像。

你的眼睛通常無法分辨實物與它的虛像之間的差異，這是因為進到你眼睛的光線，與如果真的有物體在鏡子另一邊、但又沒有這面鏡子時，是以同樣的方式將光線射進眼睛的。請注意，虛像與鏡面之間的距離，恰好等於物體與鏡面的距離，除此之外，虛像與實

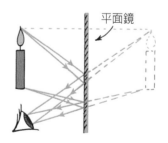

▲圖29.5
平面鏡的背後形成一個虛像，成像的位置就在幾條反射線（圖中的虛線）延長後的相交點上。

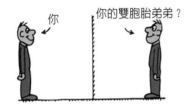

▲圖29.6
平面鏡反射時，實物的大小等於虛像的大小，且物距等於像距。

▶ 物理 DIY

鏡像

　　如果對著鏡子看自己的臉，然後再注視鏡面上的污點，你會發覺當你把視線從鏡中的自己移到鏡面時，你必須調整眼睛的焦距。這是不是證明了你的像比鏡面離你要遠？遠多少呢？我們可以用一台手動對焦的相機，來找出這距離：請你先將相機對準鏡面上的污點，調好焦距，把距離讀數記錄下來，再對自己的像重複做一次。

　　如果是曲面鏡，物與像的大小及距離就不是相等的。本書不打算詳細討論曲面鏡，僅會告訴各位，反射定律依然適用於曲面鏡。如圖29.7所示，在曲面鏡上的任何一部分，入射角都等於反射角，特別要注意的是，曲面鏡上各點的法線（黑色虛線）並非相互平行，這是和平面鏡不同的地方。

物的大小完全一樣，你在鏡前看自己，就好像看見你的雙胞胎兄弟或姊妹站在鏡子後面、且與鏡子等距離的位置上——當然是要平面鏡才行。

❓ Question

1. 如果你穿著藍色襯衫照鏡子，鏡子中的襯衫是什麼顏色？從這個問題的答案中，你能否判斷入射光的頻率與反射光的頻率之間有何關係？
2. 如果你想在平面鏡前2公尺處拍出自己的像，你應該將相機的焦距調整到多少，才會拍出最清晰的照片？

ⓐ Answer

1. 像的顏色會和原物體的顏色相同，這也證明了光的頻率不會
   因反射而改變。

2. 你應該將相機的焦距設定為4公尺。這情況就相當於你站在
   敞開的窗子前2公尺處，看著你站在窗外2公尺處的雙胞胎兄
   弟（姊妹）。

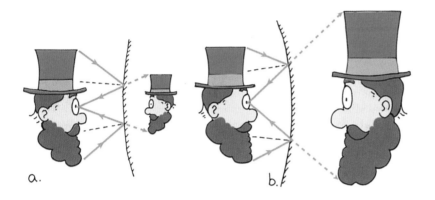

◀圖29.7

(a) 凸面鏡所成的虛像比原物體
小，距離鏡面比較近；(b) 凹面
鏡所成的虛像比原物體大，距離
鏡面則比較遠。無論鏡面是凸還
是凹，每條射線仍都遵守反射定
律。

物理 DIY

聚寶鏡

　　將兩個平面鏡的鏡面成90°相向，邊緣相接，然後放一
枚銅板在兩鏡相接之處，你看見多少枚銅板？現在，再讓兩
鏡之間的夾角逐漸變小，銅板的像的數目出現了什麼樣的改
變？最後，請將兩面鏡子調整成平行相向，中間僅留兩、三
公分的間隔，銅板還是一樣放在兩鏡之間，你看見多少個銅
板了？很多，對吧！總共有多少錢呢？很不幸，實際上仍只
有一個銅板。

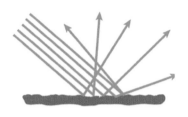

▲圖 29.8
粗糙不平的表面會產生漫射。

▲圖 29.9
從顯微鏡下看普通紙張的表面。

29.4　漫射

　　光線照射在粗糙的表面時，會向許多方向反射，這就稱為漫射（圖 29.8）。每條射線雖然都遵守反射定律，但是入射線與不同的法線構成許多不同的入射角，導致反射的方向也會有很多個。

　　對某種光線而言是粗糙的表面，對其他光線則可能是光滑的。表面上凹凸不平的高低差如果很小（必須小於照射其上的光波波長的八分之一），我們就說這個表面是光滑的，因此，有可能某個表面對長波是光滑的，對短波卻是粗糙的。布滿金屬網的碟形天線對光波而言十分粗糙，絲毫不像一面鏡子，但對長波長的無線電波而言卻很光滑，作用像鏡子，是絕佳的反射器。要決定某個表面是漫射反射器還是光滑的反射器，全看它所反射的波的波長。

　　你現在正在看的紙上反射的光是漫射的，紙對無線電的長波還算光滑，但對可見光的短波就相當粗糙了，粗糙的程度可以透過顯微鏡得到證明（圖 29.9）。入射到這張紙上的光線會碰到數百萬個各種方向的小平面，於是會向四面八方反射，這是件好事，因為這樣一來，我們就可以從各種位置或方向看書。此外，我們也是經由漫射，才看見周遭的大多數事物。

圖 29.10 ▶
如果將一道光束照射向紙張，你可以在任何位置看見漫射的反射光 (a)；然而當光束照向一面鏡子時，你的眼睛必須在正確的位置，才看得見反射光束 (b)。

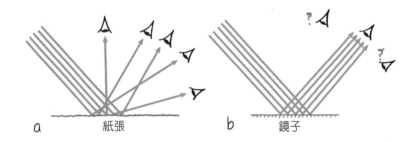

a　　紙張　　　　b　　鏡子

29.5　聲音的反射

　　回聲是聲音的反射。堅硬而光滑的表面，能夠反射的聲波能量較多，柔軟而粗糙的表面所反射的較少。未被反射的能量不是被吸收，就是被透射了。

　　聲音會從室內的任何一種表面反射，牆壁、天花板、地板、家具、人等等。無論是設計辦公室、工廠或禮堂，室內設計師都應該懂得各種物體表面的反射特性。研究這種性質的科學就叫做聲學。

　　房間、禮堂或音樂廳牆壁的反射效果如果太好，聲音就會變得混濁，這是因為多次反射所造成的交混回響，但是當吸音的效果太好，聲音強度就比較低，聽起來了無生氣。室內若有反射的聲音，可使聲音聽起來生氣勃勃而飽滿，你在邊淋浴邊唱歌時也許就有這種感覺。設計禮堂和音樂廳的時候，必須在吸音與交混回響之間取得平衡。

　　音樂廳的牆壁通常設計有許多凹槽，使聲波得以漫射，這可從圖29.11（上）清楚看到。牆壁如果有許多凹槽，每位聽眾就能接收到反射自牆壁許多區域的小量聲音，而不是從牆壁上某處反射過來的大量聲響。

　　此外，舞台的後方和上方往往也會裝有高反射能力的表面，幫助聲音傳向台下的聽眾。舉舊金山的戴維斯（Davies）交響樂廳為例，舞台上方裝飾著巨大的閃亮塑膠板，這些塑膠板不但可以反射聲音，也會反射光線，因此觀眾能從這些反射板上，看到樂團團員的反射影像。聲波和光波都遵守相同的反射定律，所以如果你可以從反射板上看見某件樂器，八成也可以聽見它奏出來的聲音——樂

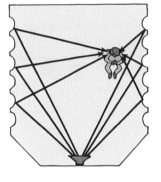

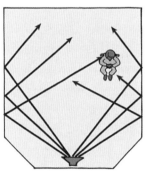

▲圖29.11
（上）若牆壁有凹槽，聲音可從牆壁的許多小區域反射到聽者的耳中；（下）若牆壁是平的，只會有一道很強的聲音從牆壁的某處反射到聽者的耳中。

器發出的聲波，會隨著光波射向反射板，再射向你所在的位置。

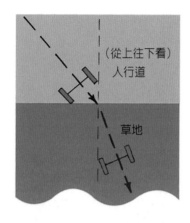

▲圖29.12
當滾動的車輪中，其中一個輪子
先放慢時，滾動方向就會改變。

29.6 折射

如果你將玩具車的後車軸連著兩個後輪一起拆下來，然後讓這個「雙輪」沿著人行道往下滾，最後滾到一片帶有坡度的草地上。當雙輪滾到草地上時，輪子會受到草的阻撓，速率因而放慢。如果讓雙輪以某個角度滾下人行道，那麼原來呈直線的滾動路徑在進入草地時會轉變方向；圖29.12顯示了原先的方向與在草地上的方向。值得注意的是，先碰到草地的那個輪子會先慢下來，因為它碰到草地時，另一個輪子還在人行道上滾動，而車軸就如同一個旋轉樞紐，使路徑朝法線（與人行道和草地交界處垂直的虛線）的方向偏折，最後，車軸便朝新的方向，在草地上以較慢的速率繼續滾動。

水波也是一樣；當每一個波的一部分被迫放慢速率（或增加速率），而與其餘部分的速率不同時，波的方向也會轉變，這就是折射。一般而言，波在深水中的速率比在淺水裡快。圖29.13顯示的是波浪自深水處越過斜切交界線進入淺水區的示意圖，在交界處，波速和方向都會突然改變，為求方便，通常我們會以直線代表波峰的位置，這類直線就稱為波前。（波前也可以用來代表波谷，或波在同一時間做同樣振動的任何一個連續部分。）

在波前上的每一點，波的行進方向都與波前垂直，因此我們可以用與波前垂直的射線表示波的方向。圖29.13當中的射線，顯示了波在越過交界時方向改變的情形。我們在分析波動時，有時會使用波前，有時則用射線，兩種模式都能幫助我們了解波的行為。

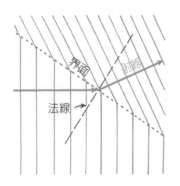

▲圖29.13
波前與一束射線的分解圖，射線
的方向與波前垂直。

29.7　聲音的折射

　　聲波在部分波前的行進速率與其餘部分不同時，也會發生折射，像是在風速不穩定時，或聲波在溫度不均勻的空氣中傳播時，折射現象就會發生。例如在夏天時，靠近地面的空氣比上空的空氣熱得多，且因為聲音在熱空氣中行進得較快，因此靠近地面的聲波速率增加，此時產生的折射是逐步的，而非突然的（圖 29.14）。因此，聲波比較容易偏離熱空氣，造成聲音較難傳播的感覺。

　　反之，在晚上或是冷天，接近地面的空氣比上空冷，此時，靠近地面的聲速較慢，於是上層速率較快的波前會使聲音向地面彎折。在這種情形下，聲音可以傳送得比較遠。

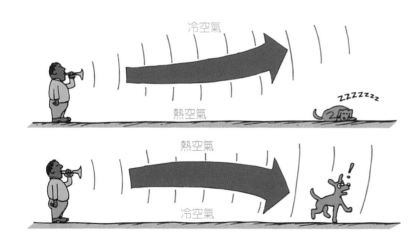

◀圖 29.14
在不均勻的氣溫下，聲波波前會發生偏折的現象

圖 29.15 ▶
在晚上，湖面的空氣比較冷，聲音向地面彎折，因此聲音的傳播效果特別好。

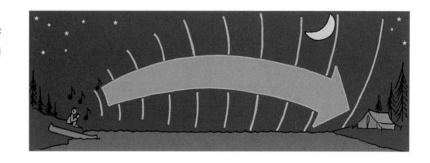

? Question

如果你站在工廠警笛的下風處，那麼在下列哪種情形中，你會聽到比較響亮的警笛聲：是當靠近地面的風速比離地若干公尺高空的風速要大，還是小呢？

29.8 光的折射

池塘或游泳池的水，水深看起來都比實際的淺；斜插進裝了水的玻璃杯的鉛筆，看起來是彎折的；火爐上方的空氣彷彿微微發著光；天上的星星一閃一閃。以上這些效應，都是因為光波在傳遞的途中從一種介質進入另一種介質，或是在同一介質中穿過了不同的溫度層及密度層，導致速率發生變化，而改變了光線的方向。簡言之，光的折射造成了這些效應。

A Answer

當靠近地面的風速比空中的風速小時，你可以聽見比較響亮的警笛聲，因為在這種情況下，聲波會偏折向地面。反之，如果靠近地面的風速較大，折射是向上的。

　　圖29.16顯示光從空氣進到水中時的折射情形，圖中標示了射線與波前。（如果光源很近，波前應會呈弧狀，就如石頭丟入水中時，靠近中心的波前為圓弧形一樣。不過，如果我們假設光源是太陽的話，那麼這個距離就夠遙遠了，因此波前幾乎就是直線。）請注意，波前的左半部先進入水中，所以速率先慢下來（如果你是沿著光行進的方向看，則是右半部的波前）。折射後的光線（與波前垂直），與法線的夾角比折射前來得小。

　　請你再回去看前面的圖29.12，把本節介紹的光的折射，和車輪轉向的情形互相比較一下。當光線進入使光速放慢的介質，比如從空氣中進入水中時，射線會折向法線；但當光線進入使光速變快的介質，譬如從水中進入空氣時，射線就會偏離法線。

　　附帶一提，「光在真空中的行進速率」與「光在某物質中的速率」的比值n，稱做該物質的折射率：

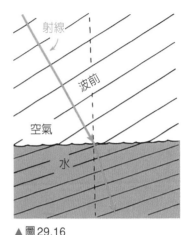

▲圖29.16
當光波從空氣中進入水中時，行進速率會放慢。各位可以看到，折射後的射線比入射線更靠近法線。

$$折射率 n = \frac{光在真空中的速率}{光在物質中的速率}$$

　　這個定量的折射定律叫做司乃耳定律，是由荷蘭天文學家兼數學家司乃耳（W. Snell, 1581-1626）於1621年首先研究出來的。根據司乃耳定律，可進一步得到：

$$n \sin \theta = n' \sin \theta'$$

式子中的n及n′是界面兩邊不同介質的折射率，而 θ 及 θ' 是入射角和折射角。如果式子中的三個數值已知，就可以從這個關係式計算出第四個數值。

　　圖29.17顯示了一束雷射光自左方進入一缸水中，經過缸底的平

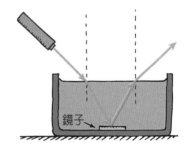

▲圖29.17
雷射光束進入水中時，會折向法線，離開水面時則會偏離法線。

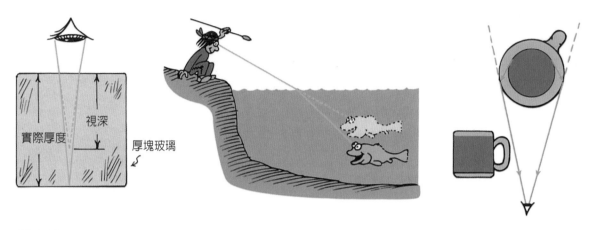

▲圖29.18
由於折射的關係，使厚玻璃塊的厚度看起來比實際要薄（左），使水中的魚看起來更靠近水面（中），裝滿可樂的厚玻璃杯看起來比真正裝的更多（右）。

面鏡反射之後，再由右方回到空氣中的情形。如果讓這束光從右方進入再由左方離開，路徑仍會完全一樣；對反射及折射來說，光的路徑具有可逆性，意思就是，倘若你使用反射或折射裝置看一個人，那個人也必然可以透過同一套裝置看見你（或你的眼睛）。

如圖29.18（左）所示，從一塊厚玻璃的上方垂直往下看時，玻璃的厚度看起來只有實際厚度的三分之二。（為了讓各位看得更清楚，我把瞳孔畫得誇張了些。）同樣的，游泳池裡的水看起來只有實際水深的四分之三，而從岸邊看水中的魚，魚的位置看起來也比真正的位置更靠近水面（圖29.18，中），而且離你更近。圖29.18（右）顯示了另外一個錯覺：用厚玻璃杯裝滿可樂之後，從可樂射出來的光在穿過杯緣時會折射，使玻璃杯看起來比實際的厚度薄，這是因為眼睛習慣接收走直線的光線，因此會以為看見杯中的可樂貼近玻璃杯的外緣（沿著圖中的虛線）。以上種種錯覺，都是由於光線自空氣穿越界面，進入另一種透明介質時引發的折射效應。

29.9 大氣的折射

　　雖然光在空氣中的速率只比在真空中慢0.03%，但在某些情況下，大氣的折射現象還是甚為顯著。最有趣的例子是海市蜃樓。在大熱天裡，地面上方可能會產生一層炙熱的空氣，由於熱空氣中的分子彼此分隔較遠，因此光在熱空氣中行進得比在上層的冷空氣中快，也就是接近地面的部分光波速率變快了，於是會使光線逐步向上彎折，產生如圖29.19所示的樹影。在右方的觀測者來看，這個樹影是個倒影，就好像水面上產生的反射一樣，但在這裡，成因並不是光的反射，而是折射。

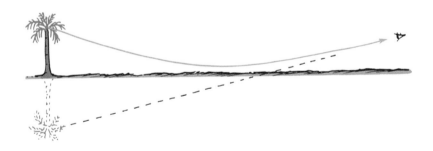

◀圖29.19
光在空氣中的折射，會造成海市蜃樓。

　　次頁的圖29.20顯示了光的波前。此處光在空氣中的折射，與圖29.14當中的聲音折射十分相似。未偏折的波前會以同樣的速率前進，方向如虛線所示，然而靠近地面的波速率變快，使光線如圖上所畫的那樣向上彎折。

　　開車的人在開到發燙的路面時，也會有相同的經驗——覺得前方的路面看起來是潮濕的！天空彷彿是從有水的表面反射出來的，但事實上是光穿過一層熱空氣而折射出來的。海市蜃樓並非如某些

圖 29.20 ▶
接近地面的熱空氣中，光的波前
行進得比較快，改使光的射線向
上彎折。

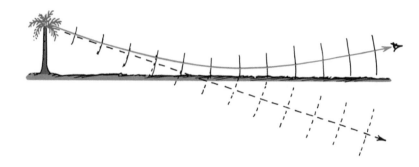

人所誤以為的心理作用，而是由真正的光線形成的。

看日落時，你會在太陽其實已經沉到地平以下之後，多看到幾
分鐘的夕陽，這是因為光線被大氣折射了（圖 29.21）。由於大氣的
空氣密度是緩慢改變的，因此光線也會漸漸彎折，而形成一個彎曲
的路徑。日出的時候也會發生同樣的現象，所以正因為大氣的折
射，我們的白天多出了大約 5 分鐘。

圖 29.21 ▶
太陽落在地平下之後，你仍然看
得見。

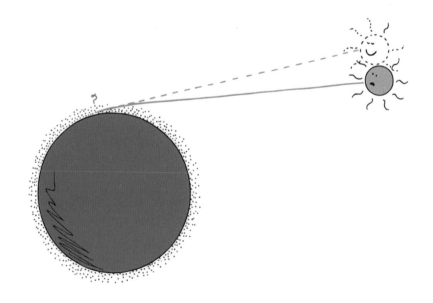

物理 DIY

空氣中的折射

透過熱火爐或發燙的路面上方看東西時，所看到的那些「熱浪」般的閃動影像，其實是大氣折射造成的效應。光在穿越不同溫度和密度的空氣時，速率會發生變化。同樣的，夜空裡一閃一閃的星光，也是由於光在穿越大氣中許多不穩定空氣層時發生了折射。你可以解釋爲什麼有很多天文台都位在山頂上嗎？

當太陽（或月亮）接近地平時，下緣發出的射線彎折得較多，而上緣的射線彎折得較小，導致垂直方向的直徑縮短了，使得太陽（或月亮）看起來是像南瓜一樣的橢圓形，而不是正圓（圖29.22）。

▲圖 29.22
大氣的折射使太陽的形狀看起來像南瓜。

❓ Question

如果光在不同溫度和密度的空氣中，速率都保持不變，那麼還會有海市蜃樓嗎？白天還會比較長嗎？夕陽的形狀還會像「南瓜」嗎？

Ⓐ Answer

都不會！如果光在不同溫度和密度空氣中的行進速率恆常不變，根本就不會有大氣折射現象的發生。

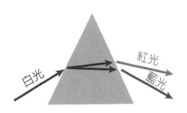

▲圖 29.23
由三稜鏡形成的色散

29.10 稜鏡中的色散

我們從第 27 章的討論，已經知道光在透明介質中的平均速率為何會小於 c，至於速率會小多少，則要由介質的種類和光的頻率來決定。一般而言，光的頻率愈接近介質內電子振動的固有頻率（或共振頻率），光在該介質的行進速率就愈慢，因為光在吸收和重射的過程中會與該介質有較多的交互作用。由於大多數透明物質的固有頻率是在光譜中的紫外線範圍，因此高頻率可見光的行進速率比低頻率的可見光慢；在普通的玻璃中，紫光的行進速率比紅光慢大約 1%。介於紅光與紫光之間的可見光，行進的速率也就介於紅光與紫光之間。

由於不同頻率的光，在透明物質中會有不同的速率，因此折射出來的角度也不同。當光線在不平行的兩個介面彎折兩次，譬如通過三稜鏡時，不同顏色的光就會分離得相當明顯，這種依照其頻率而使不同顏色的光分離的現象，就叫做色散（圖 29.23）。牛頓正是利用色散的原理製造出光譜。

29.11 彩虹

彩虹，就是色散現象的一個實例。能夠看到彩虹的條件是，天空的某一邊有含水滴的雲或正在下雨，而另外一邊則是陽光普照，此時當你背對太陽，就可以看見一道弧形的顏色光譜。在高空中的人有可能看見呈一整個圓圈的彩虹——如果沒有地物遮擋，所有彩

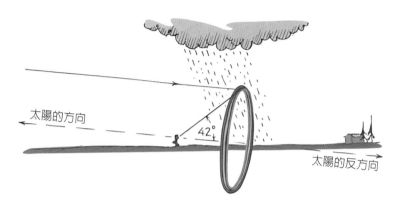

▲圖29.24
彩虹永遠出現在太陽的相反方向，而且有一條假想的線從太陽延伸到觀測者，
再貫穿整圈彩虹的圓心。

虹都會是圓形的。

　　我現在要用一顆水珠，來解釋光如何色散（圖29.25）。太陽光從上方進入水珠之後，先有部分光線被反射（圖中並未畫出），其餘均折射進水珠裡。在這第一次的折射時，光線就被分散成光譜顏色，其中紫光偏折得最多，紅光最少。

　　光線抵達水珠內的後面之後，一部分折射到空氣中（圖中未顯示），一部分又反射回水珠裡，而到達水珠下面的這部分射線，也是部分折射，部分反射。這第二次的折射，很類似前面提到的三稜鏡的第二次折射，會使第一次折射已產生的色散現象更加明顯。附帶一提，這個經過了兩次折射和一次反射的光線，角度仍集中在很小的範圍內。

　　每一顆水珠都會色散出完全的顏色光譜，可是觀測者只能從每顆水珠看見一種顏色（如圖29.26）。如果有顆水珠射出來的紫光射

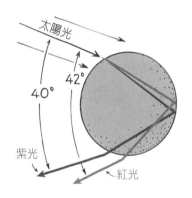

▲圖29.25
一滴水珠造成的色散；光線集中
在圖上畫出的幾個角度之間。

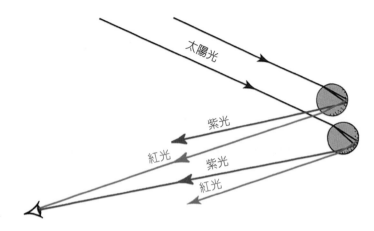

▲圖 29.26
兩顆水珠將太陽光色散的示意圖。觀測者可從上方那顆水珠看到紅光，從下方的水珠看見紫光。數百萬顆水珠聚在一起，可產生完整的光譜。

▲圖 29.27
虛線畫出的圓弧，是以觀測者為圓心成 42°角的圓弧，沿著虛線的水珠只會色散出紅光到觀測者的眼中。

進你眼中，它射出來的紅光就會到達你的眼睛的下方，若想看到紅光，你就必須看位於它上方的另一顆水珠。一般來說，太陽光與色散產生的光線夾 42°角時會看到紅光，夾角成 40°時則看到紫光。

　　不過，你不必為了看見紅光，真的以 42°角仰視水珠，其實你只要向兩旁觀察同樣是 42°方位的水珠，都看得到紅光，這些水珠排列成一個圓弧，以你為圓心，並和地平成 42°球心角（如圖 29.27）。色散出來的其他顏色的光也形成類似的圓弧，各有稍微不同的角度，各色光的圓弧合在一起，就成為我們常看到的彩虹。

　　如果轉動圖 29.27 中的三角板，掃過之處正好是圓錐的一部分，你的眼睛則位於頂點上，產生色散的水珠就落在這個圓錐的最底邊。這塊區域的水珠（雨滴）愈密，你所看透的錐緣就愈厚，看到的彩虹也就愈鮮艷無比。

你和站在你旁邊的人的視線圓錐不同，因此和雨滴相交而成的彩虹也不同，所以當你的朋友說：「快看美麗的彩虹！」時，你大可以回答：「好啊，那你站旁邊一點，這樣我才看得到。」每個人看到的都是專屬於自己的彩虹。

因此當你移動的時候，彩虹也隨著你移動，這也意謂著你永遠到不了彩虹的旁邊，永遠不可能看見圖29.24裡的誇張色環，你根本不可能碰到它的盡頭！英文裡有個用法 look for the pot of gold at the end of the rainbow（在彩虹的盡頭尋找一桶黃金），就是指「追求永遠得不到的東西」。

我們常常會在第一道彩虹的外圍，看到另一道更大的彩虹，而且顏色順序和第一道正好相反。這第二道彩虹的形成，和第一道相似，唯一的不同是，太陽光在雨滴內經過雙重反射（如圖29.28）。因為多了一次反射也就多了一次向外折射，所以第二道彩虹沒有那麼明亮。

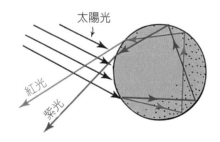

太陽光

紅光

紫光

▲圖29.28
水珠裡的雙重反射會產生第二道彩虹。

🅠 **Question**

如果光在水珠內的速率與在空氣中相同，我們還會看見彩虹嗎？

Answer

不會！

29.12　全反射

如果你很想做物理實驗，而且剛好準備要洗澡的話，不妨將浴缸的水放滿，然後帶一支防水的手電筒跳進浴缸。當你將浴室的燈關掉，並把扭亮的手電筒浸入水中，讓它垂直朝上，就可以看見光線透出水面。接下來，請將手電筒逐漸傾斜，注意看透射出水面的光線如何變暗，以及從水面反射到浴缸底部的光線如何變強的變化情形。

傾斜到某個角度的時候，你會發現光線不再穿透水面，這角度就叫做臨界角，這時光線會擦過水面，但無法穿過水面。接下來，當你把手電筒傾斜超過臨界角（與法線成48°角）之後，你會看到光線只有反射，完全沒有進入空中，這個現象就叫做全反射，此時還是有部分光線透出水面，也就是從浴缸底部散射出的光線。

圖29.29顯示了這個過程，圖中帶箭頭實線的相對長短，代表折射光與反射光的比例。需注意的是，水面下的反射光還是遵守反射

圖29.29 ▶
在水中射向水面的燈光小於臨界角時，部分光線折射出水面，部分反射入水中；等於臨界角時（右邊數過來的第二個），射出的光線會擦過水面；超過臨界角時（最右邊），就是全反射了。

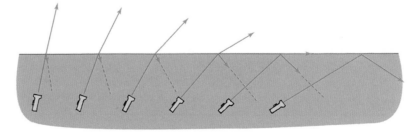

定律：入射角等於反射角。

　　光在玻璃中的臨界角約為43°（這個值又因玻璃的種類而稍有不同），也就是說玻璃內的光線如果與某一面的法線夾角超過43°，就會被這個面完全反射；以圖29.30所示的稜鏡為例，光線射到背面的角度為45°，就被完全反射了。一直要等到光線所碰到的面的法線與它夾的角介於0°（直射出來）及43°之間，光線才會射出玻璃。

　　顧名思義，全反射就是全部（100%）被反射。鑲銀或鍍鋁的平面鏡通常只能反射90%至95%的入射光，蒙上了灰塵或污點的更少一些。稜鏡的反射效能就非常好，這也正是許多光學儀器使用稜鏡取代平面鏡的主要原因。

　　鑽石的臨界角是24.6°，比任何已知的物質都小。臨界角這麼小，代表鑽石內的光線更容易在內部被完全反射，而不易逸出。與鑽石內部表面的法線夾角大於24.6°的所有光線，都會因為全反射而留在鑽石內，而將鑽石切割成寶石之後，由其中一個切面進入寶石的光線在從另一個切面射出來之前，通常會經過若干次全反射，而且強度絲毫不減，這就是鑽石的光芒看起來如此璀璨的緣故。小的

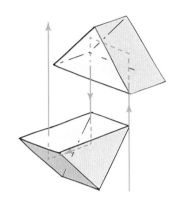

▲圖29.30　稜鏡的全反射

◀圖29.31
光線在鑽石內的路徑

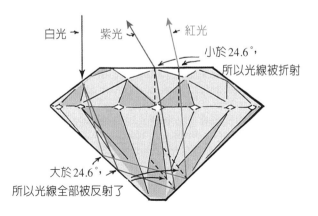

白光　紫光　紅光

小於24.6°，
所以光線被折射

大於24.6°，
所以光線全部被反射了

生物學中的物理

「光纖」熊

　　你是否曾對北極熊如何抵禦極地的寒冷感到好奇？答案很簡單，當然是光纖！北極熊的皮毛不單能禦寒，上面的毛甚至還是透明的光纖，能夠把紫外線困在裡面。北極熊的毛之所以呈白色，就是因為可見光被中空毛纖維內的粗糙表面反射出來。頻率較高的輻射能照進毛纖維內，再進到熊的皮上，而皮吸收太陽能的效率非常高，高到可以吸收所有的太陽能——猜猜看皮是什麼顏色的？答案是：黑色！

　　臨界角，加上光在鑽石內的異常低速所造成的顯著折射，使鑽石產生大範圍的漫射和色彩。鑽石發出的色彩真是光彩奪目極了！

　　光纖，有時也叫做光導管，利用的原理就是全反射。顧名思義，這種透明的纖維會將光經由管路從一個地方傳送到另一個地方，所透過的原理就是讓光在管內做一連串的全反射，很像子彈在鋼管內跳掠過一般。光纖對於把光傳到難以到達的地方，是十分有用的，機械工程師可以利用它看到引擎的內部，醫師可用它檢視病人體內的狀況。光沿著光纖管路照亮內景，再沿著另外的光纖管路反射出來。

　　光纖對通訊也極為重要。許多大城市已使用細小的玻璃纖維來取代又粗重又昂貴的銅線，負責傳遞各主要交換中心之間的大量資訊，如今，海底的銅電纜也開始被光纖纜線取代了。由於高頻率的可見光，比低頻率的電流攜帶更多資訊，因此在通訊技術的領域裡，有愈來愈多光纖正漸漸取代電路和微波管線。

觀念一把抓

觀念摘要

反射是當波碰到兩介質的界面時,彈回第一介質的現象。

◆ 波碰到界面時,通常有一部分反射,一部分則進入第二介質。

◆ 按照反射定律,入射角等於反射角。

◆ 平面鏡會產生物體的虛像;虛像出現在鏡子後面的距離,與原
物體在鏡前的距離一樣,其大小也和原物體一樣。

◆ 光碰到粗糙的表面時會漫射。

當波碰到兩介質的界面,進入第二介質時會改變方向的現象,叫做
折射。

◆ 折射是因為波在兩種介質內速率不同而造成的。

◆ 光在物質內的速率須視頻率而定,而且會使白光中的各種色光
產生不同的折射,分散成一個可見光的光譜。

所謂全反射,是指介質內部的光波射向界面時的入射角太大,使全
部的光波都被反射回來,而沒有任何折射發生。

重要名詞解釋

反射　reflection　當波或粒子碰到兩介質之間的界面，所發生的反彈行為。（29.1）

法線　normal　垂直於一個表面的直線。（29.2）

入射角　angle of incidence　入射線與法線之間所夾的角（見內文中的圖29.4）。（29.2）

反射角　angle of reflection　反射線與法線之間所夾的角（見內文的圖29.4）。（29.2）

反射定律　law of reflection　當波射向一個表面時，其入射角等於反射角；這個定律也適用於部分反射及全反射。（29.2）

虛像　virtual image　經由反射或折射所形成的像；虛像可以被觀測者看見，但不能顯現在屏幕上，因為自實物發出的光線並不會真正聚集到一個焦點上。（29.3）

漫射　diffuse reflection　當波射至粗糙表面時，朝許多不同方向反射的現象（見圖29.8）。（29.4）

交混回響　reverberation　由於多次反射和回聲，而造成聲音持久不散的現象。（29.5）

折射　refraction　波在通過兩種介質之間的界面時，因為在兩介質中的行進速率不同，而發生方向改變的現象。（29.6）

波前　wave front　在二維或三維的波當中，同一時間具有相同振動方式的連線，可以是波峰、波谷或波的任一部分的連線。（見圖29.13）（29.6）

海市蜃樓　mirage　出現於遠處的浮影，其成因是光在地球大氣內的折射。（29.9）

色散　dispersion　光線通過稜鏡或繞射光柵這類東西時，會使光依照頻率次序分離出各個顏色的現象。（29.10）

臨界角　critical angle　可使光線在介質中全反射的最小入射角。（29.12）

全反射　total internal reflection　當照射到兩介質界面的光線的入射角大於臨界角時，所產生百分之百反射（完全沒有透射）的現象。（29.12）

光纖　optical fiber　一種透明的纖維，通常是由玻璃或塑膠製成的，能藉由全反射沿著纖維線傳送光波。（29.12）

借題複習

1. 波在界面上完全反射時，波的能量有什麼變化？如果是部分反射呢？（29.1）

2. 為什麼光滑的金屬表面是絕佳的鏡子？（29.1）

3. 當光線垂直照射在平面玻璃上時，有多少光被反射？多少光能透射？（29.1）

4.「一個表面的法線」是什麼意思？（29.2）

5. 什麼是反射定律？（29.2）

6. 當你在鏡前看自己的時候，鏡中的你與鏡子的距離，和你在鏡前的距離比較起來，哪一個遠？（29.3）

7. 反射定律適用於曲面鏡嗎？（29.3）

8. 反射定律在漫射的情況下也適用嗎？請加以解釋。（29.4）

9.「同一個表面對某些波光滑，對其他波是粗糙」，這種說法代表什麼意思？（29.4）

10. 請說明回聲與交混回響之間的差異。（29.5）

11. 反射定律是否同時適用於聲波和光波？（29.5）

12. 請說明反射與折射的差異。（29.1 及 29.6）

13. 當一個波以某個角度自一種介質進入另一種介質時，爲什麼會在進入新介質之後「轉向」？（29.6）

14. 射線的前進方向與波的波前有何關係？（29.6）

15. 試分別舉一個突然折射和逐漸折射的例子。（29.6～29.7）

16. 聲波和光波都會產生折射嗎？（29.7～29.8）

17. 如果光在空氣中和在水中的速率相同，那麼當光線從空氣進入水中時，還會產生折射嗎？（29.8）

18. 假設你的朋友待在水裡，如果你看得見她的臉，她也能看見你的臉嗎？（29.8）

19. 折射容易使沒入水裡的東西，看起來比實際的位置要淺還是深？（29.8）

20. 海市蜃樓是折射造成的，還是反射造成的？請說明。（29.9）

21. 由於大氣的折射，使白天變得較長還是較短？（29.9）

22. 已知當光穿透過玻璃或水時，會經過吸收和重射的過程，而導致時間延後，那麼是高頻率的光發生的交互作用較多，還是低頻率的光呢？（29.10）

23. 爲什麼藍光在透明物質中的折射角較大，而紅光的折射角較小？（29.10）

24. 在天上看見彩虹的條件是什麼？（29.11）

25. 雨滴與稜鏡有何相似之處？（29.11）

26. 試利用折射及全反射的例子，說明什麼是臨界角。（29.12）

27. 爲什麼光纖也被稱爲光導管？（29.12）

課後實驗

1. 一面鏡子最少要多長，才能照到你的全身？要找出這個答案，不妨站在一面大鏡子前面，用膠帶來做標記：先貼一小塊膠帶在你鏡中的頭頂處，再貼另外一塊在鏡中你的腳底處。接下來，將兩塊膠帶之間的距離與你的身高比比看。如果身旁沒有大鏡子，就用一面較小的鏡子，來量量看能看見你整個臉的最小鏡子長度：標示出鏡中你的頭頂和下顎的位置，量出這兩個標示之間的距離，再和臉的實際長度加以比較。

2. 在前一個實驗中，你量到的距離給了你什麼樣的啟示？（提示：你可以前後移動自己的位置，離鏡子遠一點或者近一點，不過要注意，仍須讓你的頭頂高度和鏡子上的膠帶一致。請問在距離較遠時，你的像比膠帶之間的距離小、大，或者不變？）奇怪嗎？

3. 如果有機會，在強光下注視一顆鑽石或者透明的寶石。可以轉動寶石，注意那些經過折射、反射、再折射的閃爍光彩。當你用單眼而不是雙眼看這些閃光時，腦中的感受會很不一樣。雙眼見到的閃光，不如單眼看到的燦爛奪目！

想清楚，說明白

1. 如圖所示，在一面鏡子的上方放了三張寫著字母 A, B, C 的卡片，如果有個人的眼睛在圖上的 P 點，那麼他可以從鏡子裡看見哪一個字母的反射？

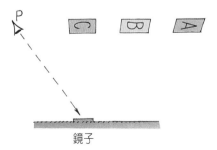

2. 為什麼有些車輛前面的字母會像下面這樣倒著寫？

AMBULANCE

3. 國外有些大卡車會在車尾貼上這樣的標語：「如果你看不見我的後視鏡，我就看不見你。」請解釋這句話裡的物理根據。

4. 試比較潮濕而崎嶇不平的路面和潮濕光滑的路面所產生的反射，並解釋為何在下雨天的晚上開車時，很難看清楚前面的路況。

5. 自動對焦的相機會發出聲波至拍攝的目標，再反彈回來，並從發射和接受訊號的時間間隔來計算出拍攝物的距離。請問，為什麼使用這種相機拍攝鏡中的影像時，無法得到合適的焦距？

6. 為什麼回聲比原來的聲音弱？

7. 平靜水面上反射出的景色，看起來是否和原來的景色完全一樣，除了上下顛倒之外？（提示：請在你和一張桌子之間的地上放一面鏡子，你可以在鏡子裡看見桌面嗎？）

8. 如果你用魚叉捕魚，你會瞄準魚的上方、下方，還是直接對準魚插下去呢？如果改用雷射光束，你的瞄準位置是否和用魚叉時一樣？試說明你的理由。

9. 從飛機上看彩虹，有可能看見一個完整的圓圈。此時飛機的陰影會出現在彩虹圈的圓心上嗎？請用圖29.24來解釋你的答案。

實戰演練

1. 已知光線垂直照射玻璃時，每個面上約有4％的光被反射，那麼
透射過一塊窗玻璃的光線有多少呢？

2. 假設你以1公尺／秒的速率走向一面鏡子，請問你和你的影子以
什麼速率相互接近？（答案不是1公尺／秒。）

3. 有一隻在洞穴內飛行的蝙蝠發出聲音，一秒鐘後接收到回聲，那
麼牠距離穴壁多遠？

4. 深海探測船用來探測海底的超聲波，在海水中行進的速率是
1530公尺／秒，如果從發出聲波，到收到回聲，其間共費時6秒
鐘，請問水深多少？

第 30 章

透　鏡

光線進入玻璃時會偏折，離開玻璃時會再偏折一次，偏折（折射）的原因是光在玻璃內和空氣中各有不同的平均速率。若將玻璃做成某種形狀，能使物體透過玻璃生成的像比原物體來得大或小，變得更近或更遠，舉例來說，早在古希臘與中世紀的阿拉伯，人們就已經會使用放大鏡了，而且一直延用至今，歷時數百年之久。到了今天，各式各樣的眼鏡讓千萬人得以舒適地閱讀書籍，而攝影機、投影機、望遠鏡和顯微鏡，更開闊了我們看世界的視野。

30.1 會聚透鏡與發散透鏡

將一片玻璃的形狀做得恰到好處時，就能使平行的光線偏折，並相交成影像，這種玻璃就叫做透鏡。

如果我們把透鏡想像成是由許多三稜鏡組合起來的，如圖 30.1 所示，就比較容易明白了。若將這些稜鏡以某種位置排列，就能讓入射的平行光線會聚到一點（或從一點發散）。左圖的稜鏡排列成中間較厚的透鏡，這種排法能使光線會聚；在右圖的稜鏡組合中，中央的部分比較薄，可使光線發散。

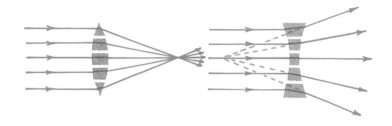

◀圖 30.1
我們可將透鏡想像成一組稜鏡，能使光線會聚（左）或發散（右）。

兩種排列都能使邊緣處的光線產生最大的偏折，這是因為在邊緣處，兩個折射面之間的角度最大。最中央的「稜鏡」不會偏折光線，因為它的玻璃表面是相互平行的，光線會以原來的方向穿過。

當然，真正的透鏡並不是用三稜鏡拼湊起來，而是用一塊結實的玻璃磨成球面而做成的。次頁的圖 30.2 顯示光滑透鏡使光線折射的情形，同時也畫出了波前的形狀改變。左圖的透鏡中間部分較厚，使原來平行的光線（波前呈直線）會聚，就叫做會聚透鏡（亦稱凸透鏡），而右圖的透鏡中間較薄，使光線發散，所以叫做發散透鏡（亦稱凹透鏡）。

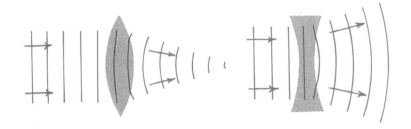

▲圖30.2
波前在玻璃中行進得比在空氣中慢,所以當遇到會聚透鏡時(左),波前在透鏡的中央部分速率較慢,因而使光線會聚;碰到發散透鏡時則正好相反(右),邊緣部分的波比較緩慢,於是使光線發散。

　　圖30.3列出了一些與透鏡有關的重要名詞。透鏡的主軸,是透鏡兩球面曲率中心的連線。對會聚透鏡而言,所謂焦點,是指平行於主軸的平行光束會聚的點,非平行於主軸的平行入射光束,則會聚在焦點的上方或下方,而所有這些會聚點形成的面,就叫做焦平面。此外,由於透鏡對於來自左方的光線,與來自右方的光線,都有相同的效應,所以一面透鏡有兩個焦點和兩個焦平面。當我把相機的透鏡調好,使鏡頭裡的遠距拍攝目標清楚時,其實就是在調整鏡頭的焦點,使底片落在相機內的焦平面上。

圖30.3 ▶
會聚透鏡的要件

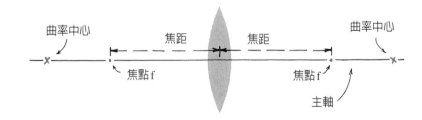

　　相對的，發散透鏡不會使入射的平行光束聚焦在一點上，而是將光線如同來自一個點般散開來。不論是會聚透鏡還是發散透鏡，從鏡心到焦點的距離叫做透鏡的焦距。如果透鏡很薄，即使兩面的曲率並不相同，兩面的焦距仍然一樣。

30.2　透鏡成像

　　用肉眼看遙遠的物體時，視角比較小（圖 30.4 a），而當同樣的目標和你的距離變近時，視角就變大了（圖 30.4 b），較廣的角度可使你看得比較清楚。利用透鏡以較廣的視角看影像時，可以看到放大的效果，並且更清楚地看到物體細部。放大鏡其實就是一個會聚透鏡，幫助你用較大的視角看東西，而且能看得更為詳細。

　　使用放大鏡看東西時，我們必須使放大鏡靠近欲看的目標，這是因為只有讓物體介於透鏡和它的焦點之間，會聚透鏡才會將物體放大（見次頁的圖 30.5）。放大了的像與透鏡的距離會比原物體遠，而且是正立的像。如果將一面屏幕放在像的位置，屏幕上不會顯示

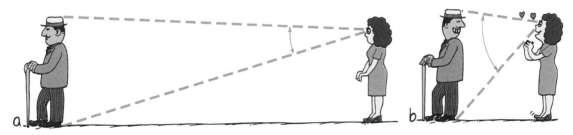

▲ 圖 30.4
(a) 遠距離的物體以較小的視角觀看。(b) 使用較大的視角看同一個物體時，可將細部看得比較清楚。

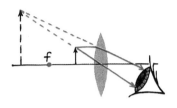

▲圖30.5

會聚透鏡可以用來做為放大鏡，能使近距離的物體產生虛像；這虛像看起來比原物大，距離也比原物遠。

影像，因為並沒有光實際照射到像的所在位置，然而你的眼睛接收到的光線彷彿來自像的位置，所以這種像只是個虛像。

當物體與會聚透鏡的距離夠遠，遠遠在透鏡的焦點之外，物體傳送過來的光線就會被透鏡聚焦在屏幕上（圖30.6），以這種方式形式的像，叫做實像。由單獨一個會聚透鏡形成的實像是倒立的。放幻燈片、放電影，以及把實像投影到相機底片上時，利用到的都是會聚透鏡。

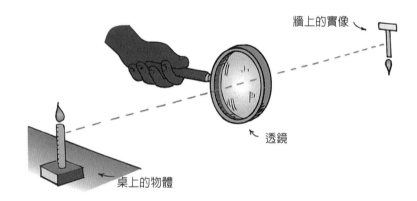

牆上的實像

透鏡

桌上的物體

▲圖30.6

會聚透鏡可對遠距離的物體形成倒立的實像。

單獨使用發散透鏡時，所產生的像必定是正立的虛像，而且比原物小，不管對遠的物體還是近的物體，都是如此。相機或攝影機上的觀景窗通常是用發散透鏡，所以當你從觀景窗看被拍攝物時，所看見的其實是物體的正立虛像，大小比例就和你所拍的相片大致相同。

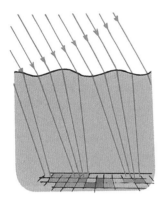 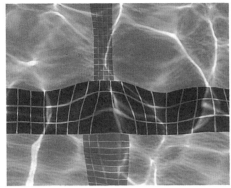

◀圖 30.7
游泳池底磁磚間的亮線形成會動
的圖樣，產生自水面的波動，這
波動就像一面有凹有凸的大透
鏡。

30.3 用作圖法定像

　　我們可以用簡單的作圖法（如圖 30.8 所示），以主要幾條光線來
決定像的大小和位置。首先要知道原物的大小與位置、它與透鏡中
心之間的距離，以及透鏡的焦距，才能畫出這樣一個圖解。我們通
常會以一個箭頭來代表物體（這個物體可以小到是一個用顯微鏡觀
察的微生物，也可以大到是一個以天文望遠鏡來觀測的星系），並將
物體的底部畫在主軸上，可以使圖解簡化。

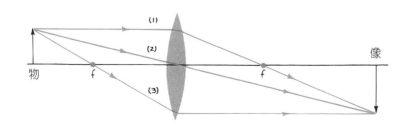

◀圖 30.8
作圖法。從物體發出的三條光線
會聚出它的像。

你只需知道從物體上任何一點發出的兩條光線的路徑,就能定出像的位置。只要不是落在主軸上,物體上的任何一點都可用來定出位置,但習慣上我們常採用箭頭頂端的那一點。

第一條被偏折的光線的路徑,可以從焦點的定義知道:與主軸平行的光線被透鏡折射之後,會指向該透鏡的焦點,如圖30.8。

第二條已知的路徑是通過透鏡中心的光線:在透鏡的中心,由於兩球面互相平行,光線穿過時方向不會有明顯的改變,所以從箭頭頂端發出的光線會以直線通過透鏡的中心。

第三條路徑也屬已知:在透鏡前通過焦點的光線,在通過透鏡之後,方向會被折射成與主軸平行。

圖30.8畫出了這三條光線,乃是典型的成像作圖。像就位於這三條光線相交的位置。事實上,只要其中任何兩條光線,就可以定出像的大小和位置。

圖30.9所示的是放大鏡的作圖。在此圖解中,物距小於焦距,

圖30.9▶
放大鏡的作圖法。物體位於透鏡的焦距內,因此產生的是正立、放大的虛像。

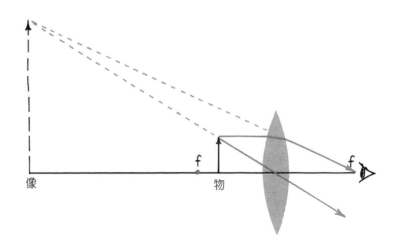

光線通過透鏡後即向外發散，可是看起來卻像在透鏡前（與物體同側）較遠的一點所發出的。若將光線反向延伸，可聚集到一點，此即像的位置，而且形成的是正立、放大虛像。

用來作圖的三條主要光線摘要如下：

1. 一條是平行於主軸的光線，被透鏡折射後會與主軸相交於焦點。
2. 一條是通過透鏡中心的光線，穿過透鏡時方向不變。
3. 一條是在透鏡前方通過焦點的光線，被透鏡折射後與主軸平行。

上述任兩條射線都足以決定成像的位置，至於該選哪兩條，全看怎樣選對你最方便。

在此附帶一提，在物距 o、像距 i，和焦距 f 之間，存在一個簡單的數學關係，亦即：

$$\frac{1}{o} + \frac{1}{i} = \frac{1}{f}$$

這式子叫做薄透鏡公式。

下兩頁的圖 30.10 顯示了會聚透鏡的成像；圖上的物體原先是位於焦點上，然後沿著主軸向後移動，與透鏡愈離愈遠。因為物體的位置不在透鏡及其焦點之間，因此所成的像都是倒立的實像。

此種作圖法同樣可以應用到發散透鏡上（第154頁的圖30.11）。箭頭頂端發出的平行於主軸的光線，被透鏡向外偏折，如同光線是來自焦點一般。通過透鏡中心的光線成直線貫穿，而另外一條從箭頭射向透鏡外側焦點的光線，穿越透鏡後會偏折成與主軸平行。

物的位置：與透鏡的距離爲 f
　　　　　（位於焦點）
像的位置：無限遠

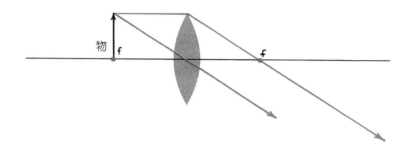

物的位置：與透鏡距離介於 f 至
　　　　　2f 之間
像的位置：與透鏡的距離大於 2f
像的大小：放大

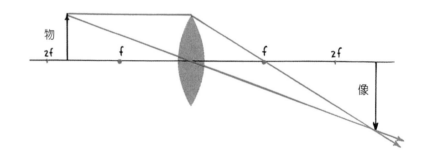

物的位置：與透鏡的距離爲 2f
像的位置：與透鏡的距離爲 2f
像的大小：與物相同

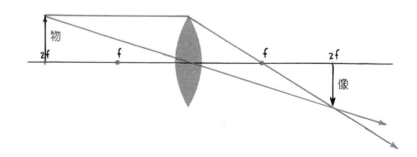

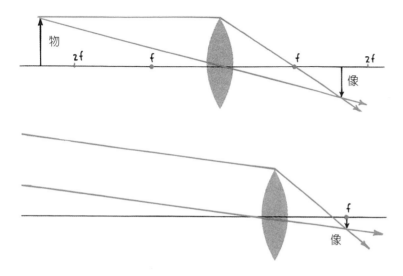

物的位置：與透鏡的距離大於 2f
像的位置：與透鏡的距離介於 f
　　　　　　至 2f 之間
像的大小：縮小

物的位置：無窮遠
像的位置：與透鏡的距離為 f
　　　　　　（在焦點上）

◀▲圖 30.10
物體的位置、透鏡焦距 f，與成像之間的關係。

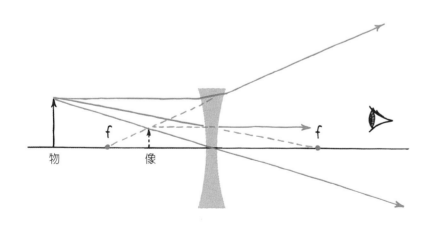

◀圖 30.11
發散透鏡成像的作圖

從發散透鏡射出的這三條光線，看起來彷彿來自與物體同側的一個點，這個點的位置也就是虛像所在的位置。虛像會比原物體更靠近透鏡，是正立的，但比原物體小。無論物體的位置在哪裡，由發散透鏡所成的像都是正立、縮小的虛像。

30.4 關於成像的總結

當物體放置在焦距之內時，會聚透鏡就相當於一個簡單的放大鏡，所成的像是放大且正立的虛像。

當物體與會聚透鏡之間的距離超過一個焦距時，會產生倒立的實像，像的位置則由物與焦點間的距離遠近來決定：如果原物體離焦點很近，像的位置就很遠（如幻燈機、電影放映機等），如果物離焦點很遠，像就比較近（如相機、攝影機）。無論是哪種情況，只要所成的是實像，物與像一定在透鏡的兩側。

❓ Question

將物體放在會聚透鏡前的什麼位置，所成的像才能 (a)在無限遠處？(b)盡可能靠近原物體？(c)是正立的？(d)與物的大小相同？(e)是放大且倒立的？

使用發散透鏡看物體時，所看到的則是正立、縮小的虛像，這結果不會受物體位置的遠近所影響。在任何狀況下，只要是虛像，物與像就一定在透鏡的同側。

Answer

物體應放在 (a)透鏡的焦點上（見圖 30.10）；(b)與透鏡距離一
個焦距的範圍內（見圖 30.9）；(c)與透鏡距離一個焦距的範圍
內（見圖 30.9）；(d)距離透鏡兩個焦距的位置上（見圖
30.10）；(e)與透鏡的距離介於一個焦距與兩個焦距之間的任何
位置上（見圖 30.10）。

30.5 常用的光學儀器

　　眼鏡的鏡片有可能在十三世紀末的義大利已經出現了，至於當
時是否有人使用二片透鏡一前一後相疊來看物體，文獻當中並未記
載，但說來奇怪，在那之後又過了三百年，才有人發明出望遠鏡。
今天，許多光學儀器上都使用到透鏡，像是照相機、望遠鏡（與雙
筒望遠鏡）、複式顯微鏡、投影機等。

照相機

　　照相機的構造包括了一個透鏡，和裝在不漏光盒子內的感光底
片，有些照相機的透鏡可以前後移動，以便調整透鏡和底片之間的
距離。透鏡的作用是使倒立的實像成像於底片上。

　　圖 30.12 顯示了一台只有一個透鏡的相機。實際上，大多數照相
機會使用複合透鏡，以減小像差。

　　到達底片的光量，是由快門和光圈來控制的，快門可控制底片

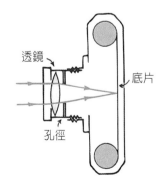

▲ 圖 30.12　簡易照相機

曝光的時間,光圈則是調節讓光線通過進到底片的開孔。開孔(孔
徑)的大小一改變,到達底片的光量也會在瞬間改變。

望遠鏡

簡易望遠鏡是利用透鏡來產生遠方物體的實像。與相機的原理
不同的是,產生的實像不是落在底片上,而是投射到另一個透鏡,
而這第二個透鏡的作用有點類似放大鏡,稱爲目鏡,擺放的位置是
要使第一片透鏡所成的像正好落在目鏡與其焦點之間,這樣一來,
目鏡可產生前一個實像的放大虛像。所以,你用望遠鏡看到的,是
影像的影像。

圖30.13顯示的是天文望遠鏡裡的透鏡排列方式,影像在此是倒
立的,這也可以解釋月亮地圖上的月亮爲什麼是上下顛倒的。

在地上望遠鏡中,又增設了第三片透鏡或一對反射稜鏡,因此
會產生正立的像。如果將兩個這樣的望遠鏡並排,每一個的內部都

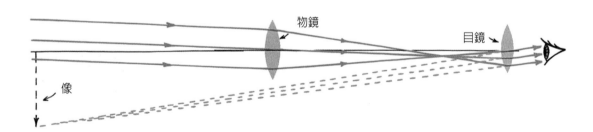

▲圖30.13
天文望遠鏡內的透鏡排列方式。(爲了簡單起見,我把成像的位置畫得很近,
但事實上,成像應該在無窮遠處。)

有一對三稜鏡，提供四個反射面使像正立，就變成了一副雙筒望遠鏡（圖 30.14）。

　　由於沒有任何一個透鏡能使百分之百的光線透射，因此天文學家寧願選擇雙透鏡望遠鏡所成的較明亮的倒立影像，而比較不喜歡裝有第三片透鏡或一對三稜鏡的望遠鏡所提供的較不明亮的正立影像。至於非天文的用途，譬如看風景或運動比賽，正立的影像當然比明亮與否來得重要，所以必須添加透鏡或三稜鏡。

　　順帶一提，使用透鏡的望遠鏡都是折射式望遠鏡，而大型天文望遠鏡通常會用反射鏡來取代透鏡。

▲ 圖 30.14
雙筒望遠鏡內的三稜鏡排列方式

複式顯微鏡

　　複式顯微鏡使用的是兩片短焦距的會聚透鏡，排列方式如圖 30.15 所示。第一片透鏡叫做物鏡，作用是產生近距離物體的實像，又因為像距比物距遠，所以像比物來得大。第二片透鏡稱做目鏡，可產生第一個像的放大虛像。由於這種儀器是將已經放大的影像再放大，因此叫做複式顯微鏡。

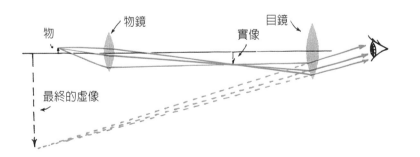

◀ 圖 30.15
複式顯微鏡的透鏡排列方式

投影機

幻燈片或電影的投影機內的透鏡排列方式，如圖30.16所示。首先，凹面鏡會將強烈光源發出的光線，反射至一個由兩片透鏡組成的聚光器，而聚光器會使光線通過幻燈片或電影畫格，然後射到投影透鏡上。投影透鏡安裝在一個可伸縮的滑筒上，因此位置可以前後調整，使影像清晰聚焦在屏幕上。

圖30.16 ▶
投影機的透鏡排列方式

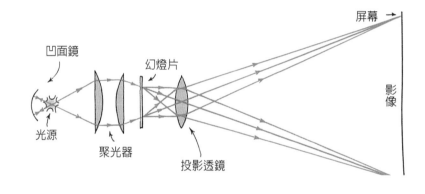

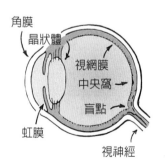

▲圖30.17
人類的眼睛

30.6　眼睛

從許多方面而言，人類的眼睛與照相機相似。進入眼睛的光量由虹膜調節，眼球的黑色部分叫做瞳孔。光線會先進到一個叫做角膜的透明外層，穿越瞳孔和晶狀體，然後聚焦在眼球後方的視網膜上。在此附帶一提，瞳孔的孔通常呈黑色，是因為光線只能進，不能出；用閃光燈照相的時候，閃光進入眼睛的角度有時恰好能從黑色部分的視網膜反射，此時照片裡的瞳孔就變成淡紅色。

　　視網膜是一層對光線非常敏感的組織，各個不同的部分會接收來自不同方向的光線。視網膜的組織並不均勻，中央有個小區域叫做中央窩，是我們視覺呈現最清晰的地方，遠比其他區域可看到的還要詳細。

　　視網膜上還有一個重要區域，稱做盲點，此處的神經負責攜帶所有的資訊離開眼睛。你可以做以下這個實驗，來驗證自己的每隻眼睛都有一個盲點：請拿起書，把手臂伸直，然後閉上左眼，用右眼看圖 30.18 的小圓圈。在這個距離下，你可以同時看見圖上的**〇**和**✖**。現在，請將書慢慢移近你的臉，仍用右眼看著圓圈，你會發現當書距離眼睛約 20 至 25 公分時，**✖** 消失不見了。你也可以對左眼做同樣的實驗：如果閉上右眼，只用左眼看 **✖**，近距離時圖上的**〇**也會消失不見。不過，當雙眼都睜開看圖時，你會發現不管怎麼移動書本，**〇**和**✖**都不會消失，這是因爲一隻眼睛產生盲點時，另一隻眼睛仍然看得見。有兩隻眼睛眞好！

▲圖 30.18　盲點實驗

　　眼睛也好，照相機也好，形成的像都是倒立的，不過幸好都有補償的方法。對相機而言，照出來的相片是正立或倒立都無所謂，只要轉過來看就好了，那麼眼睛呢？放心，我們的腦已經學會將接收自視網膜的倒立影像轉過來了！

　　眼睛與照相機之間的最大差異在於聚焦的方法，照相機是靠調

工作中的物理

攝影師

攝影可說是融合了藝術與物理。攝影師的構思雖以藝術為基礎，但是在執行時，也要仰仗對物理技術的嫺熟運用。攝影師知道底片很難將我們眼睛所見的一切都記載下來，我們的眼睛可以同時在陰影和強光下，辨認出物體的細微末節，底片卻做不到，所以攝影師會特別留意明暗的對比，甚至進行多次試驗。一位具備物理光學知識的攝影師，必定更能了解、也更能運用更新的底片和更進步的成像技巧所帶來的種種變革。

節透鏡與底片之間的距離來聚焦，而人類的眼睛大部分是依賴角膜來聚焦。此外，晶狀體在改變自己的厚度及形狀以調整焦距時，視網膜上的影像也會隨著調焦，這個過程稱做視覺調節，是藉由睫狀肌（環繞在晶狀體周圍的平滑肌）的伸縮來完成的。

圖 30.19 ▶
晶狀體會改變形狀，使光線聚焦在視網膜上。

看遠物時的正常狀態

看近物時的正常狀態

30.7　幾種視力缺陷

如果你的視覺正常，眼睛就能自動調節，讓你清楚看見遠到無窮遠的東西（稱做遠點），以及近至 25 公分的東西（即近點，通常會

◀圖 30.20
遠視者的眼球太淺,如果使用會聚透鏡,可將成像移近至視網膜上。

隨著人的年齡逐漸退化)。

遠視眼的人的眼睛,成像位置在視網膜的後方(圖30.20),原因是眼球太淺,所以必須將物體放在25公分之外才能聚焦。補救的方法是增加眼睛的會聚效果,譬如配戴由會聚透鏡製成的眼鏡或隱形眼鏡。會聚透鏡可使進入眼睛的光線先充分聚集,聚焦在視網膜上,而非視網膜的後方。

近視眼的人能清楚看見近的東西,但遠的東西就看不清楚了,這是因為成像在視網膜的前方,離晶狀體太近(圖30.21)。與遠視相反,近視者的眼球太深,補救的方法是配戴校正透鏡,使遠方物體的光線先發散,這樣就能聚焦到視網膜上,而非它的前方。

散光也是一種缺陷,成因是眼睛的角膜有一邊的彎曲弧度比另一邊大。這種弧度不對稱的缺陷,會使眼睛無法形成清楚的影像。矯正的方法是配戴柱面的校正透鏡,使角膜其中一邊的曲率比另一邊更大。

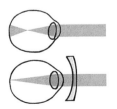

近視眼

◀圖 30.21
近視者的眼球太深,可用發散透鏡將成像移遠一點,而落在視網膜上。

30.8　透鏡的缺陷——像差

　　沒有任何一個透鏡能製造完美的影像，影像的失真，就叫做像差。若將數個透鏡設法組合起來，可使像差減至最低。基於這個理由，大多數的光學儀器均採用許多複合透鏡，每組透鏡包含幾片簡單的透鏡，而不使用單一的透鏡。

　　在此，我打算介紹兩種像差：一種是球面像差，另一種是色像差。當通過透鏡邊緣的光線，與通過透鏡中心的光線聚焦在稍微不同的位置時，就會產生球面像差（圖30.22）。補救的方法是將透鏡的邊緣部分蓋住，就像相機裡的光圈，此外一些優良的光學儀器會以幾片透鏡的組合，來校正球面像差。

　　色像差的產生，則是由於不同顏色的光有不同的速率，所造成的不同折射。簡單的透鏡可使紅光和藍光的偏折量不同（和稜鏡的情形一樣），所以這兩種光聚焦的位置也不相同。用幾種不同的玻璃組成的消色差透鏡，可以校正色像差。

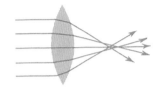

▲圖30.22
球面像差

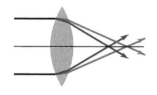

▲圖30.23
色像差

物理 DIY

針孔成像

　　在卡紙上戳一個小孔，然後拿到眼前，並貼近書，用單眼透過小孔看書上的字，你會發現無論是否戴著眼鏡，你都能清楚看到字。這是因為你靠得很近，使得看到的字彷彿放大了。為什麼還需要亮光？如果朋友找不到眼鏡，你會怎麼建議他去閱讀電話薄上的小字？

對眼睛來說，瞳孔最小的時候視覺也最敏銳，這是因為光線只通過晶狀體的中央部分，而此處的球面像差和色像差都是最小的。此外，從晶狀體中央通過的光線偏折最小，所以只需最少的調整即可得到清晰的影像。瞳孔在明亮的光線下縮得較小，所以你也看得比較清楚。

 Question

為什麼光線在通過透鏡時會產生色像差，被平面鏡反射時則不會？

過去五百年裡，視力不好的人只有選擇戴眼鏡，而在最近這些年，則多了配戴隱形眼鏡的選擇。如今，除了眼鏡和隱形眼鏡，視力不好的人又多了一種選擇：以外科手術將眼角膜整型而回復到正常的視力。目前眼科手術雖還在繼續改進，但到了將來，眼鏡和隱形眼鏡很可能都會變成歷史。我們生活在快速變化的世界中，這倒是蠻不錯的！

Answer

在透明介質裡，不同頻率的光會以不同的速率行進，因此折射的角度不同，就產生了色像差。反之，光的反射角度與光本身的頻率無關，因此每種顏色的光的反射方式都相同。望遠鏡採用反射鏡比用透鏡來得好，正是因為反射不會造成色像差。

▲圖 30.24
雙焦點眼鏡是由兩個焦距不同的透鏡組成，正如圖中這位姓史匹格的老先生所示範的，其中較小的透鏡焦距較短，用來看近的東西。

觀念一把抓

觀念摘要

透鏡會使平行的光線折射，相交（或看似相交）在一個焦點上。

◆ 中央較厚的透鏡叫做會聚透鏡（凸透鏡），較薄的是發散透鏡（凹透鏡）。

◆ 物體放在會聚透鏡和其焦點之間時，會形成放大虛像。

◆ 物體放在會聚透鏡的焦點之外時，會形成實像。

◆ 發散透鏡造成的一定是縮小虛像。

◆ 使用透鏡的光學儀器包括照相機、望遠鏡、複式顯微鏡，及投影機等等。

◆ 人的眼睛會使光線折射並聚焦在視網膜上（必要時可用校正透鏡來幫助）。

重要名詞解釋

透鏡　lens　能使平行光線偏折並相交或看似相交在一點的玻璃（或其他透明物質）。（30.1）

會聚透鏡　converging lens　中間最厚、邊緣最薄的透鏡，能使平行光線會聚到焦點上。（30.1）

發散透鏡　diverging lens　中間最薄、邊緣最厚的透鏡，可使平行光線發散。（30.1）

主軸　principal axis　透鏡兩球面曲率中心的連線。（30.1）

焦點 focal point 對會聚透鏡而言,是指平行於主軸的光束所會聚的點;對發散透鏡來說,是指平行於主軸的光束看似發出的起點。(30.1)

焦平面 focal plane 通過透鏡的任一焦點、且與此透鏡主軸互相垂直的平面。對會聚透鏡而言,任何平行的入射光線都會聚焦在焦平面的某一點;對發散透鏡而言,平行光束看似來自焦平面上的某一點。(30.1)

焦距 focal length 從透鏡的中心至焦點的距離。(30.1)

實像 real image 由會聚透鏡造成的像,可顯現在屏幕上。(30.2)

虛像 virtual image 經由反射或折射所形成的像;虛像可以被觀測者看見,但不能顯現在屏幕上,因為自實物發出的光線並不會真正聚焦到一個焦點上。(30.2)

目鏡 eyepiece 望遠鏡中最接近眼睛的透鏡,可將第一片透鏡所成的實像放大。(30.5)

物鏡 objective lens 在使用多面透鏡的光學儀器中,最接近被測物的透鏡。(30.5)

虹膜 iris 眼睛內環繞在黑孔周圍的有色部分;光線會進入黑色的開孔(即瞳孔),虹膜則負責調節進入眼睛的光量。(30.6)

瞳孔 pupil 眼球中讓光線通過的開孔。(30.6)

角膜 cornea 覆蓋在眼球外的透明體。(30.6)

視網膜 retina 在眼睛後方的一層感光組織。(30.6)

遠視 farsighted 用來指眼睛很難聚焦在較近的東西,這是因為眼球太淺而成像在視網膜後方所造成的。(30.7)

近視 nearsighted 用來指眼睛可以清楚看見近的目標,但看不清楚遠的目標,這是因為眼球拉長了,因此成像在視網膜前方,而不是

在視網膜上。（30.7）

散光 astigmatism 一種眼睛的缺陷，肇因於角膜的其中一邊弧度大於另一邊。（30.7）

像差 aberration 利用透鏡產生影像時，發生在影像上的失真。（30.8）

借題複習

1. 請比較會聚透鏡及發散透鏡的差異。（30.1）

2. 請比較透鏡焦點及焦平面的差別。（30.1）

3. 請敘述虛像及實像的差異。（30.2）

4. 在透鏡成像作圖法中，通常會用三條方便的光線來估測成像的位置。試以它們與主軸和焦點的關係，描述這三條光線。（30.3）

5. 如果要估測成像的位置，必須使用幾條第 4 題所提到的光線？（30.3）

6. 作圖法只能應用於會聚透鏡嗎？是否也可以應用在發散透鏡上？（30.3）

7.「透過望遠鏡，我們是在看影像的影像」，這句話是什麼意思？請解釋。（30.5）

8. 天文望遠鏡有哪兩方面和地上望遠鏡不同？（30.5）

9. 複式顯微鏡與望遠鏡有何差異？（30.5）

10. 望遠鏡、複式顯微鏡及照相機，哪一種光學儀器與人類的眼睛最相似？（30.6）

11. 平常看周遭事物時，為何沒注意到盲點？（30.6）

12. 請說明遠視和近視的區別。（30.7）

13. 什麼是散光？要如何校正？（30.7）

14. 球面像差與色像差有何差異？該如何補救？（30.8）

課後實驗

1. 如附圖所示，製作一個針孔照相機：首先，拿一個小硬紙盒，將一邊切開，並以面紙或半透明的紙蓋住，接著在另一邊的硬紙板上鑽一個針孔。（如果紙板太厚，不易鑽出小孔，可以將孔開大一點，再用鋁箔蓋住，然後在鋁箔上戳小孔。）做好之後，在陰暗的房間裡將此照相機對準一個明亮的目標，你就可以在面紙或半透明紙上看見倒立的像。如果你在暗房裡，用未經曝光的底片來代替面紙，緊貼在盒子的開口，讓光絲毫沒辦法外洩，然後再在針孔外做一個活門，你就可以用這個紙盒照相。依據底片種類及光的量，曝光時間也會隨著改變，你可以試用不同的曝光時間，先從 3 秒開始，此外你也可以試用長度不同的盒子。你將發現每次都能聚焦，但是所得的影像輪廓不會很清楚。這個針孔照相機和一般相機的主要差異，在於前者沒有透鏡而後者有，透鏡當然比針孔大得多，故能在短時間內讓較多的光進入。透鏡照相機所拍的相片被稱為「快照」，就是因為它的動作很快。

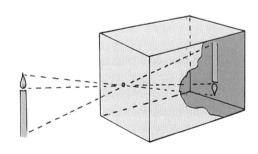

2. 注意觀察陽光從樹梢射下來時，在地面上留下的光影，你會發現它們大都是圓形或橢圓形的（後者是當太陽剛升起或西斜時造成的）。這些光點，可說是太陽的「針孔」成像，因爲樹葉間的縫隙與樹葉到地面的距離相比十分微小。日偏食發生的時候，這些樹影甚至會呈新月形，很奇妙吧？眞是處處有物理！

3. 我們可以用一張畫了格線的紙，來估計透鏡的放大率：先將焦距對準紙上的格線，然後算出一個放大間格裡所能涵蓋的線與線間的格數，就是放大率；例如，如果一個放大間格可涵蓋三行空格，放大率即是 3。你也可以用望遠鏡看一垛磚牆，一隻眼透過望遠鏡看牆上的一塊磚，另一隻眼則直接看磚牆，這時，自望遠鏡看見一塊磚的面積等於直接看見同樣面積的磚數，即是該望遠鏡的放大率。

一個放大的間格

3個未放大的間格

想清楚，說明白

1. (a)使用會聚鏡來製造虛像，需要什麼條件？
   (b)使用發散透鏡來製造實像，需要什麼條件？
2. 你要如何證明某個像確實是實像？
3. 爲什麼放大鏡常被叫做「點火鏡」？

4. 要用照相機拍攝極遙遠的目標時，鏡頭的透鏡與底片之間應該距離多少個焦距？

5. 對著鏡子拍自己時，你能夠同時將焦點對準鏡中的你和鏡框嗎？請加以說明。

6. 對著鏡子為自己拍照時，如果你在鏡前2公尺，應該將相機的焦距調整為幾公尺？

7. 請用作圖法找出下列三個箭頭的像。

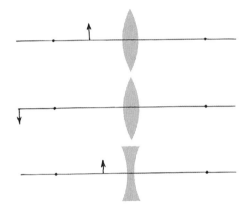

8. 把幻燈片放進投影機時，為什麼要上下顛倒？

9. 月球的地圖事實上是上下顛倒的，為什麼？

10. 從幻燈片投射機發出的白光點邊緣，常常可看到虹彩，是什麼原因造成這種現象？

11. 如果光在玻璃中和在空氣中的速率完全一樣，望遠鏡和顯微鏡還會有放大的功能嗎？請加以解釋。

12. 若將放大鏡放在水中使用，放大率會增加還是減少？為什麼？

第 31 章

繞射與干涉

今天，牛頓最爲人熟知的成就是在力學上的發現——他的萬有引力定律和運動定律，然而在他的有生之年裡，卻是因爲光學方面的努力而出名。牛頓將光想像成一束極細小的物質粒子，並用這個模型，把反射解釋爲粒子在表面上的反彈，把折射解釋爲表面作用在光粒子上的偏向力造成的結果。

　　到了十八、十九世紀，由於光的波動模型不只能解釋反射和折射，還能解釋當時對光所了解到的其他各個性質，於是粒子模型就被波動模型取代了。在這一章，我們要來討論光的波動性質，這些性質可以解釋兩個很重要的現象——繞射與干涉。

31.1　惠更斯原理

　　十七世紀末，荷蘭數學科學家惠更斯（Christian Huygens, 1629-1695）提出了一個很有意思的波動觀念，他說，從一個點光源擴散出去的光波，可以看成許多微小的次級小波的重疊，而波前上的每一點，都可視為這些小波的新波源，我們可從圖 31.1 看到惠更斯的這種觀點；換句話說，波前是由許多較小的波前組成的──這個觀念就叫做惠更斯原理。

　　請注意看下一頁的圖 31.2 所示的球面波前。沿著波前 AA′ 上的

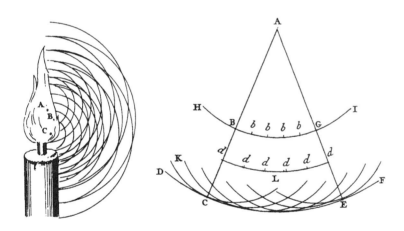

▲圖 31.1
這些圖形都摘自惠更斯的大作《光的論說》（*Treatise on Light*）。（左）從 A 點擴散出許多波前，波前上的每一點都很像新的波源（右），從 b, b, b, b 發出的次級小波，會形成新的波前（d, d, d, d），而從 d, d, d, d 發出的次級小波會再形成新的波前（DCEF）。

圖31.2 ▶
惠更斯原理（球面波前）

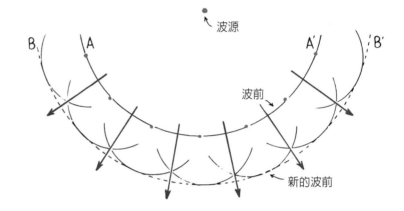

每一點，都是一個新的小波的波源，而新的小波又從這個新波源向外傳播一個球面波，圖中只畫了無數個小波的其中幾個。我們可以把新的波前BB′，看成一個包含了無限多個重疊小波組成的平滑面，而這些小波是不久前由AA′傳播出來的。

　　波前繼續擴張時，看起來就沒那麼彎曲了。在距離原波源非常遠的地方，波前看起來就像一個平面。來自太陽的光波就是平面波的絕佳例子，圖31.3顯示的，就是惠更斯所說的小波應用在平面波的情形。（在二維的圖示中，平面是由直線來表示。）圖31.4則是透過惠更斯原理解釋反射定律和折射定律的圖示。

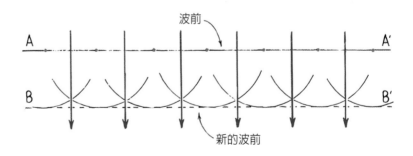

圖31.3 ▶
惠更斯原理（平面波前）

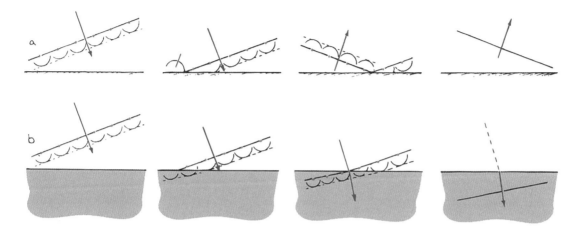

▲圖 31.4
惠更斯原理應用於反射 (a) 及折射 (b) 的情形

　　當我們將水波推向一個狹窄的缺口時，就可以清楚看到惠更斯原理。你可以拿一支長尺，用圖 31.5 所示的方法推動水面，產生一個呈直線的波前，當這直線波前穿過障礙物中間的缺口時，你就能看到一些有趣的波紋。

　　如果中間的缺口開得很大，你會看見直線波前直接通過，除了轉角處的波前會依照惠更斯原理偏折進「陰影區」之外，其餘沒有

◀圖 31.5
在水槽中製造平面波，並觀察水波通過障礙物上的缺口時所產生的波紋。

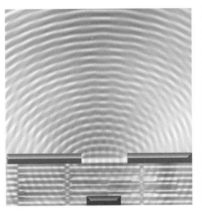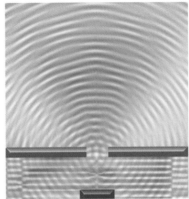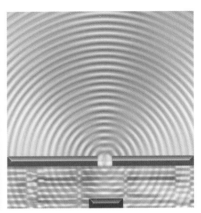

▲圖31.6
直線波通過大小不同缺口時的情形；缺口愈小，通過的波的邊緣就愈彎曲。（此為電腦繪製圖）

任何變化。如果將缺口縮小，能通過的波就減少了，往陰影區的擴展則更為顯著；等缺口小到和水波的波長差不多時，惠更斯原理就變得十分明顯，當波進入狹窄的缺口時，你很容易把缺口處上下攪動的水看成像點波源一般，不斷產生圓形波，向障礙物的另一邊傳播出去。圖31.6的電腦繪製圖，是從上方俯瞰一個振動直尺產生的水波，請注意看波紋與缺口之間的關係。

31.2　繞射

　　凡是不屬於反射或折射而導致的波折向現象，就叫做繞射，圖31.6所顯示的，就是直線波前通過大小不同的缺口後產生的繞射。當缺口很寬（相對於波長）的時候，擴展的現象並不明顯，但當缺口漸漸變窄時，波的擴展也漸漸顯著。這種現象是所有的波動都會有的，包括光波。

當光線通過一個大的（相對於波長而言）開口，可以投射出清晰的陰影（圖31.7），若通過一條狹縫，例如在一片不透明材料上開出的刀片般細縫，所投射出來的陰影會變模糊，這是因為光線就像圖31.6所示的水波，從狹窄的缺口通過時會向外散開。換言之，狹縫使光線產生了繞射。

繞射現象並非僅限於光線通過狹縫或小缺口時所產生的擴展，繞射會發生在所有的陰影邊緣，只是大小程度不同。即使最清晰的陰影，若仔細觀察，還是可以看到邊緣是模糊的。如次頁的圖31.8所示，使用單色光照射時，繞射會使陰影邊緣產生繞射條紋，而在白光的情形下，繞射條紋會混合一起，使陰影邊緣呈現一片模糊。

繞射的程度，決定於障礙物的大小與波長之間的相互關係（圖31.9），與障礙物相比較之後，波長愈長，繞射愈明顯。長波比較容

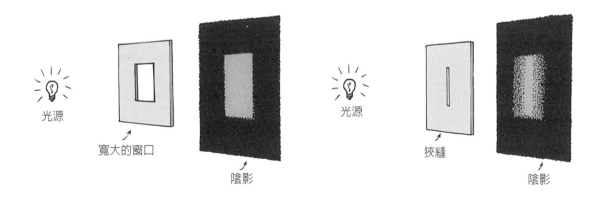

▲圖31.7
當缺口的寬度較大（相對於光的波長）時，光線會投射出清晰的陰影，邊緣有些許模糊；當缺口非常狹窄時，由於發生繞射，光線所投射的陰影會較為模糊。

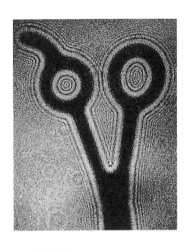

▲圖31.8
用單一頻率的雷射光照射這把剪刀時,剪刀周圍的繞射條紋在陰影邊緣甚為明顯;如果改用白光做為光源,這些條紋就被多重條紋填滿,而一片模糊。

易填滿陰影,這正是海上用來警告船隻的號角發出低頻聲波的原因。對於標準 AM 電台波段所發出的無線電波,道理也是一樣,這些電波的波長,若與傳播路徑上的物體相比,算是相當長的;長波「看」不見路徑上比較小的建築物,因此能輕易繞過建築物,而比短波更能到達更多的地方。

　　但另一方面,長的無線電波會把建築物和橋樑上的金屬網或鋼樑,看成「光滑」的表面,而被反射回去。當你開車經過鐵橋時,車裡的 AM 電台往往會收聽不到,就是這個原因。所以,儘管長波能繞過鋼鐵建物,卻不能穿透過去。

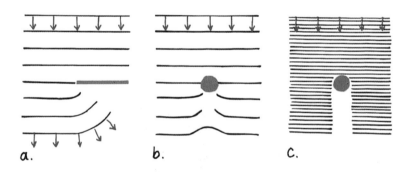

▲圖31.9
(a) 波容易散射到陰影區;(b) 當波長與障礙物的大小相當時,陰影立刻就被填滿;(c) 當波長比障礙物的寬度小時,投射出來的陰影比較清晰。

　　FM 電台發送的無線電波比較短,不太能繞過建築物,所以在山谷或城市「森林」裡,接收的狀況不如 AM 電台那麼好,這也就是為什麼在都市中有些地點無法清楚收聽到 FM 電台,但 AM 電台的聲音又大又清楚。電視的訊號也是用電磁波來傳播,和 FM 電台發送的

電波很像。通常我們會在屋頂上架設電視天線，來改善接收狀況。FM電台和電視的電波發送都屬於「視線」，意思就是繞射的現象不明顯，而AM電台發送的電波，則能繞過山丘和建築物，抵達那些本來應該是陰影的地方。繞射，也可以是件好事。

　　不過，當我們要用顯微鏡看很小的目標時，繞射就不是那麼好的事情了。如果目標物和光的波長一樣大，影像會因為繞射而模糊不清，如果目標物比光的波長小，有可能整個結構都看不到，全部的影像會因為繞射而消失。沒有任何一種顯微鏡的設計，能克服這個先天的繞射限制。

　　若想把這個問題減至最小，顯微鏡學家選擇使用更短的波長來照射微小的目標物，結果發現，電子束也帶有波動的性質，它的波長比可見光的波長短很多。使用電子束照射微小物體的顯微鏡叫做電子顯微鏡，電子顯微鏡的繞射限制，就比光學顯微鏡小了很多。

　　用較短的波長可以「看」更微細的東西——海豚在用高頻率的超聲波探測周遭環境時，利用的就是這個事實。牠們會先由長聲波

▶ **物理 DIY**

觀察繞射條紋

　　將兩根手指併攏，放在眼前對著明亮的天空或某個光源看，請仔細觀察兩指之間的細縫。看到繞射條紋了沒有？現在再請你改變指縫的寬度，與手指和眼睛之間的距離，並注意結果有何變化。接下來，請你在一塊硬紙板上切開一條狹縫，然後透過狹縫看光源。你可以把紙板稍加彎曲，藉此改變狹縫的寬度，你應該會看到十分明顯的繞射條紋。

的回聲，測知周圍有什麼東西，然後再發出波長較短的聲波，探得更多細節。對海豚來說，動物身上的皮、肌肉和脂肪都是透明的，牠們能夠「看」見一個身體的細部輪廓，將骨頭、牙齒和內腔看得清清楚楚；就連癌、腫瘤、心臟病等身體症狀，甚至情緒反應，都可以被海豚「看」出來——長久以來，海豚天生就能使用超聲波儀器，這是人類近幾年才在醫學領域裡學到的。

 Question

為什麼使用光學顯微鏡看微小的物體時，要用藍色光？

在此附帶一提，海豚的主要感官是聽覺，因為在混沌黑暗的深海裡，視覺沒什麼用處。對於人類，聲音是一種被動的感覺，但對海豚來說是主動的：海豚發出聲波，再由反射回來的回聲，來感受牠的周圍環境。

更有趣的是，海豚能再現那些帶有環境影像的聲波訊號，所以牠們有可能是將自己所「見」的聲音影像直接傳遞給其他海豚，來彼此溝通。舉例來說，海豚不需要藉文字或符號來表示「魚」，而是把實物的影像傳遞出去，就如同我們向朋友描述一場音樂會時，會用各種方式重現所聽到的聲音一樣。海豚的語言和我們的語言是如此不同，這不是很奇妙嗎？

Answer

因為藍光的波長比其他可見光的波長短，能夠減少繞射現象。

31.3　干涉

　　我們在第 25 章就介紹過波的干涉，而且在第 26 章又應用在聲波上。由於干涉的觀念十分重要，因此在應用到光波之前，我要先概述一下。

　　如果你同時向水塘裡丟兩塊石頭，產生的兩組波會相交，並出現所謂的干涉圖樣，在這個圖樣之中，波的效應可能會增加、減小或完全抵消。當一組波的波峰與另一組的波峰疊合，個別的效應會相加，這就是相長干涉；反之，當一組波的波峰和另一組的波谷相疊，個別的效應會相減，就叫做相消干涉。

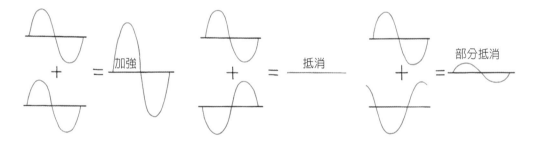

　　水波可用一種叫做波紋水槽的淺水槽製造出來，在小心控制的條件下，當兩個波源左右並排時，可以製造出十分有趣的圖樣。次頁的圖 31.11（電腦繪製圖）顯示的是由上往下看兩個波源，以固定頻率在水中振動時所產生的波紋，圖上的水藍色「輻線」，是發生相消干涉的地帶，而暗色和亮色線條，則是發生相長干涉的地帶。波源的振動頻率愈高，線條會愈密集（波長也愈短）。請注意，相消干涉區域的數目，與波長及兩波源間的距離有關。

▲圖 31.10　干涉

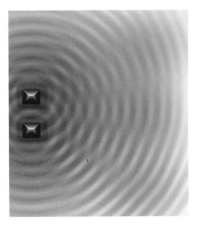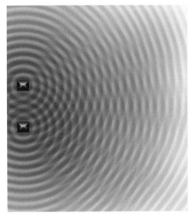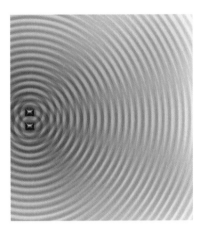

▲ 圖 31.11
由兩個振動波源發出的水波相疊形成的干涉圖樣。（此為電腦繪製圖）

31.4　楊氏干涉實驗

　　英國物理學家楊氏（Thomas Young, 1773-1829）於 1801 年完成了一項使他聲名大噪的實驗。他發現當單色光射過兩個近距離的針孔時，後方的屏幕上會顯示亮暗相間的條紋。他了解到，亮紋的產生，是因為兩針孔的兩組光波抵達屏幕時，波峰正好與波峰相疊（相長干涉，也就是更亮），同樣的，暗紋則是因為兩組光波的波峰與波谷相疊（相消干涉，也就是不亮）。藉由這個實驗，楊氏成功證明了惠更斯較早前提出的光波動理論。

　　在此順便提一下楊氏的生平：楊氏在兩歲時就能閱讀，四歲時已經把《聖經》讀過兩遍，十四歲時則已通曉八種語言。在他五十餘年的一生裡，對於流體、功與能量，及物質彈性的了解，極有貢

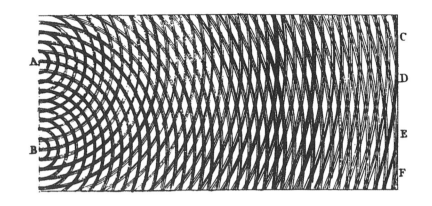

◀圖31.12
楊氏雙波源干涉圖樣的原始圖。
暗的圓圈代表波峰，兩波峰之間
的白色間隔則代表波谷，波峰與
波峰（或波谷與波谷）的相疊
處，就是發生相長干涉的地帶，
而C, D, E, F四個字母標示的地
方，是發生相消干涉的地帶。

獻，此外他還是第一個對解讀古埃及象形文字有所突破的人。楊氏
真是絕頂聰明——這是毫無疑問的。

　　現在的楊氏實驗，是用兩條相隔很近的狹縫來取代針孔，所以
得到的條紋是直線。鈉燈是很好的單色光光源，能使用雷射光更
好。實驗的安排如圖31.13所示。請注意，這裡的安排與圖26.12

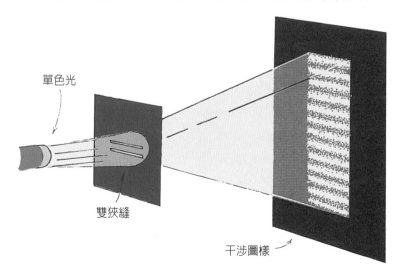

單色光

雙狹縫

干涉圖樣

◀圖31.13
單色光通過兩鄰近狹縫時，會發
生繞射。屏幕上亮的部分，是因
為光波抵達時是同相的，而暗的
部分，則是光波抵達時為異相所
產生的。

（見第44頁）所示的擴音喇叭安排相似，因此效果也很類似。

圖31.14顯示了亮線和暗線的產生，與狹縫到屏幕間的不同路徑長之間的關係：產生亮線的地方，是通過兩狹縫的波抵達時同相所

圖31.14▶
光線從O點發出，通過A, B兩狹縫，最後在右邊的屏幕上產生干涉圖樣。

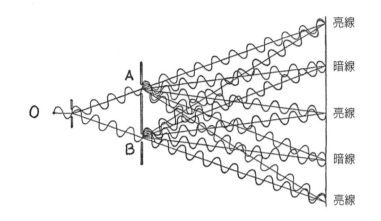

視覺中的物理

星星的尖角

　　自古以來，人們在畫夜空中的星星時，多半會畫成有尖角的形狀，想知道為什麼嗎？理由非關星星本身的形狀，因為我們看到的星星只是浩瀚天空中的無數個點光源。真正的原因，其實是人的視力不良，以及光的繞射。基於種種原因，人類眼睛的表面有許多微細的刮痕，作用宛如某種繞射光柵。由於大氣中有許多不同溫度的層，因此我們有時看到的不是點光源，而是光線通過大氣時造成的閃爍尖角。在多風的沙漠中，風沙使眼睛產生更多刮痕，因此看到的尖形星星更似真實。星光並沒有尖角，只是我們眼睛表面的刮痕使它們看起來有尖角罷了。

? Question

1. 在楊氏干涉實驗中，爲什麼「使用單色光（即單一頻率的光）」是十分重要的條件？
2. 在楊氏干涉實驗中，用藍光照射雙狹縫，與用紅光照射雙狹縫，哪一種得到的條紋間隔較小？

▲圖31.15
繞射光柵上的衆多狹縫或凹槽可以使通過的光束繞射，然後藉由繞射後光線之間發生的干涉，將光分離成各種顏色；繞射光柵可以取代光譜儀中的稜鏡。

造成的，產生暗線的地方則爲兩波異相所造成的。

　　干涉圖樣不只在雙狹縫的裝置才看得見，由許多緊密相間的狹縫組成的繞射光柵，也能產生此種圖樣。許多光譜儀會採用繞射光柵來代替稜鏡，使光散開成各種顏色。附帶一提，稜鏡是藉由折射來分離各種顏色的光，繞射光柵則是靠干涉來分離顏色。

　　在一些像服飾珠寶配件、汽車保險桿貼紙之類的物品上，愈來愈常看到用反射材料做成的繞射光柵，這些材料上的整齊凹槽，使

A Answer

1. 如果多種波長的光通過狹縫，每種波長的光都產生各自的繞射，會使某波長的光產生的暗紋被另一種波長的光產生的亮紋覆蓋，最後就形成不了清晰的條紋圖樣。這情形就像前面第26章圖26.12顯示的例子一樣，如果其中一個頻率的聲波波長的一半，正好等於兩擴音器到圖上那位聽者的路徑差，那麼這個路徑差就不可能等於其他頻率聲波的一半波長。不同的頻率產生的條紋會互相「填滿」。
2. 藍光的波長較短，幾乎只有紅光的一半。波長較短時產生的條紋間隔較小，而波長較長的間隔比較大，所以用藍光所產生的條紋，比用紅光來得密。

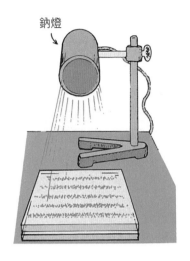

▲圖 31.16
將兩片玻璃相疊，中間留一個楔形空隙，然後用單色光照射，就會產生干涉條紋。

光線繞射出亮眼的顏色光譜，此外，CD 反光表面上的細線，不但儲存了高傳真的音樂，還會使光線繞射而產生美麗的顏色。不過，早在這些高科技產物出現之前，自然界就已經有許多天然的繞射光柵了，譬如鳥的羽毛及蛋白石（俗稱貓眼石）——蛋白石發出的燦爛顏色，來自裡面一層層的矽結晶，這些結晶的作用就像繞射光柵。

31.5　薄膜的單色干涉

從兩個靠得很近的平面反射的光線，也能造成干涉條紋。如果用單色光照射在兩塊上下重疊的玻璃上（如圖 31.16 所示），就能看到明暗相間的條紋帶。

由於上下兩片玻璃之間有一層空氣相隔，光波會從空氣層的上下分別反射，反射波發生干涉之後就造成了這些亮暗帶；圖 31.17 顯示了這個過程。抵達眼睛的光線來自兩條不同的路徑，碰到下層玻璃表面的光必須多走點距離，才能到達你的眼睛；如果這段距離差

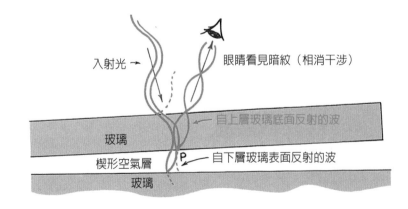

圖 31.17 ▶
經很薄的一層空氣上下表面反射的光線會造成相長和相消干涉。

正好是半個波長（異相），就會發生相消干涉，你看見的就是暗帶，而旁邊的路徑差不會產生相消干涉，所以看見的是亮帶。

　　干涉條紋的其中一種實際用途，是用在測試透鏡的精密度。測試時，先將透鏡放在一個完全扁平的玻璃上，自上方用單色光照射，就會產生亮暗相間的條紋（圖31.18）。不規則的條紋代表透鏡表面不規則，當透鏡磨到光滑而且是同心的時候，產生的干涉條紋就會是一圈圈間隔規則的同心圓。

▲圖31.18（此為電腦繪製圖）（透鏡）表面的平度或曲度，可以放在非常平的玻璃上測試，方法是觀察產生的干涉條紋。（a）不規則的表面；（b）平坦的表面；（c）一片未磨光的透鏡；（d）一片精密的透鏡。

31.6 薄膜所生成的虹彩

　　凡是在潮濕路面上看過肥皂泡或汽油的人，都會注意到從上面反射出來的美麗光譜，有幾種鳥類羽毛的色澤，也會在鳥移動時呈現各種不同的變化。上述所有的顏色，都是由薄膜中混合頻率的光波相互干涉而產生的，這現象稱為虹彩。

　　薄膜（譬如肥皂泡）有兩個很貼近的表面，從其中一個表面反射的光，很可能被另一個表面反射出的光抵消。舉例來說，假設薄

圖31.19 ▶
汽油與空氣間的界面會反射藍光，而圖上汽油薄膜的厚度，正好可以使這個藍色反射光，與反射自水面的同波長光波相互抵消。

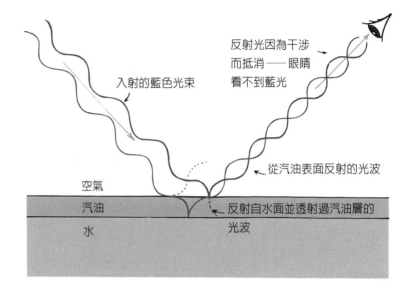

膜在某一點上的厚度會造成藍光的相消干涉，那麼如果照射在這個薄膜上的是白光，反射入眼睛的光就不會有藍光。如果從白光當中去掉藍光，會發生什麼情況呢？答案就是，會呈現互補色，也就是說去掉了藍光之後，我們會得到黃光，所以肥皂泡在藍色被去掉之後，就變成黃色的泡泡了。

在薄膜上較厚的部分，綠色光會被去掉，所以會呈現洋紅色。薄膜的不同厚度會使不同顏色的光被去掉，於是對應的不同互補色就會呈現出來。

圖31.19說明的是水面上一層薄薄的汽油所產生的干涉情形。光線會同時從上層的界面（汽油與空氣的交界）和下層的界面（汽油與水的交界）反射上來。如圖所示，假設入射光是藍光，那麼當這層汽油的厚度正巧會使此波長的反射光互相抵消，汽油的表面看起來就是黑色的。但另一方面，如果入射光是白色的太陽光，那麼汽

1. 若某個肥皂泡的厚度正好可使紅光被抵消，這個肥皂泡在太陽底下會反射出什麼顏色？

2. 下表的左欄是一些有顏色的物品，右欄是產生顏色的幾種方法，請將左欄與右欄的項目做適當的配合。

a. 黃色香蕉	1. 干涉
b. 藍天	2. 繞射
c. 雨後的彩虹	3. 選擇性反射
d. 孔雀羽毛	4. 折射
e. 肥皂泡	5. 漫射

油表面就是呈黃色，因為把藍光從白光中去掉之後，剩下的互補色是黃色。

有些貝殼反射出來的美麗顏色，是由貝殼外的透明薄膜發出的光發生干涉而產生的。蛋白石內部的裂痕，也會產生閃亮的顏色，碗盤用洗潔劑洗過之後，如果沒有用清水沖乾淨，一樣能看到肥皂薄膜的干涉色。

光的干涉可用來做為測量光波波長的主要方法。電磁波譜當中其他區域的波長，也是靠干涉技術測量出來的。極短的距離（一百萬分之一公分）可以使用所謂的干涉儀來測定，這也是利用干涉的原理。干涉儀是已知最準確的測量儀器之一，它非常靈敏，靈敏到

1. 你會看到青色，因為青色是紅色的互補色。
2. 配合的結果如右：a－3；b－5；c－4；d－2；e－1。

打轉的顏色

　　將一個黑色馬克杯（黑色是觀察干涉色的最佳背景色）浸入洗碗水中，然後拿出來，臉對著杯口橫拿在手上，此時會有一層肥皂薄膜封閉在杯口，請注意看從薄膜反射出的光。薄膜上方的肥皂水會往下流，於是上方的薄膜愈來愈薄，下方愈來愈厚。在這個過程中，你可以看見顏色在打轉。到最後，上方會出現黑色，此時的薄膜厚度大約比最短的可見光波長的四分之一還小。之後過沒多久，薄膜就會因為過薄而破掉。

可以測出你輕輕扭曲一根幾公分厚的實心長鋼條時，所能產生的一點點長度變化。

　　後面兩節要討論雷射與全像，後者可能是最精采的光干涉現象。

31.7 雷射光

　　普通燈泡發射出的光線是不同調的，所謂「不同調的」，就是指光同時有許多振動相位（以及很多頻率）。不同調的光，就如同一群人在球場上胡亂到處奔跑，所以不同調的光是混沌的。在一束不同調的光之間發生的干涉現象是不可控制的，光束在短距離內很快就會散開，會隨著距離的增加而愈散愈開，強度愈來愈弱。

　　即使被濾光成單一頻率的單色光，但因為光波為異相的，並彼

◀圖31.20
不同調的白光包含許多頻率及波長的光波,而且這些波互為異相。

◀圖31.21
單一頻率、單一波長的光仍然有可能是異相的。

此干涉,所以仍然是不同調的。只不過隨著距離漸增,擴展開的波在方向上的差異極小。

　　相對的,一束光若具有相同的頻率、相位及方向時,就叫做同調光。同調光的光波之間不會有干涉發生,因此只有同調光不會擴展開來和漫射。

　　同調光是由雷射產生的,「雷射」一詞的英文字 laser,是取 light amplification by stimulated emission of radiation (經由受激發射而產生的光波放大作用) 的第一個字母組成的。在雷射裡,從某個原子發射出的光波,會激發相鄰原子也發射出光來,使兩個波的波峰一致。接著,這些波會以級聯的方式激發其他原子發射出光波,

◀圖31.22
此為同調光,所有的波都一樣而且同相。

▲圖31.23
商品條碼必須先由反射自條碼圖樣的雷射光來讀取，然後轉換成電子訊號，再輸入電腦。反射自白色空隙的光會產生較高的訊號，從黑線反射的光則產生低的訊號。

一束同調光就此產生了；這和普通光源中從原子隨機發射出光波，是很不相同的。

雷射並不是能量的來源，它只是能量的轉換器，利用受激發射的手段，將能量輸入的一小部分（通常小於1%）濃縮成很細的同調光束。就像所有的儀器一樣，雷射輸出的能量不會超過它吸收的能量。

雷射有很多種，在不同的領域中有廣泛的用途。測量師和營建工人用雷射做為「粉筆線」，外科醫師用雷射做手術刀，服飾製造業者用雷射做剪裁刀，收銀機用雷射讀取商品條碼，音響用雷射讀取CD裡的音樂訊號。然而最令人印象深刻的雷射光產品，要算下節介紹的全像圖了。

31.8　全像圖

「全像圖」（又稱全訊圖）的英文字是hologram，字首holo-源自希臘文，意思是「全部的」，字尾gram也源自希臘文，意思是「資訊」。全像圖可說是一種三維的照片，包含目標物表面各個部分的全部資訊或整個圖像。若用肉眼來看，它看起來像一張毫無影像的透明底片，可是它的表面其實有許多細微的條紋，從這些條紋繞射而成的光可產生出極逼真的影像。由於全像圖很難複製，因此常被應用在信用卡上。

全像是由兩束雷射光在底片上發生干涉而產生的，這兩束雷射光實際上是同一束光的一部分：一部分照射到物體，然後再從物體反射到底片上，另一部分稱為參考光束，先照射到平面鏡上，再反

射到底片上（如圖31.24所示）。從物體各點反射的光，會與參考光
束發生干涉，而在底片上產生細微的干涉條紋圖樣。從物體上較近
處反射的光所行進的路徑，比反射自較遠處的光所行進的路徑要
短，這段路徑差異便能產生與參考光束有些微區別的干涉圖樣，與
物體深度有關的訊息，就是利用這種區別記錄下來的。

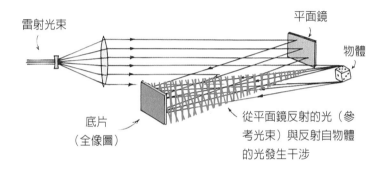

雷射光束

平面鏡

物體

底片
（全像圖）

從平面鏡反射的光（參
考光束）與反射自物體
的光發生干涉

◀圖31.24
此圖為全像製造裝置的簡圖。使
底片感光的雷射光是由兩部分組
成，一部分是從物體反射出來
的，一部分則反射自平面鏡，這
兩部分的光波產生的干涉現象，
會在底片上形成細微的干涉條
紋，顯影之後就是一個全像。

　　光線照在全像圖上時，光會被條紋圖樣繞射，產生形狀與物體
所反射的初始波前完全相同的波前。由繞射產生的波前，與原來從
實物反射出來的波前的作用完全一樣，無論你是直視全像，或是看
全像的反射，你都看得到逼真的三維影像，就好像你從窗口（或鏡
子）看原物體一樣。如果移動你的頭去看同一個物體的側面，或蹲
下來仰著看，也能體會到視差的效果。全像的圖像是極為逼真的。

　　有趣的是，如果全像圖產生在底片上，當你將它截成一半，在
半張底片上仍然看得到整個影像。若再將這半張底片截半，甚至再
截半，還是可以看到全部的影像，就好像你從窗口的任何一個位置
看出去，都看得到窗外的全部景致一樣。全像的每一個部分，都會
接收並記錄從整個物體反射出的光線。

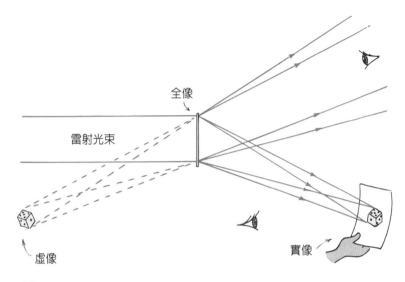

▲圖 31.25

用同調光照射全像時，發散的繞射光會產生一個三維的虛像，當你像看窗外般
的直視全像時，就可以看見這個虛像；你也會像看真實的東西一樣，藉由調整
眼睛的焦距來看這個虛像的遠景和近景。會聚的繞射光可在全像的前方形成實
像，實像就可以投射到屏幕上；由於這個實像有景深，所以無法在一個平面屏
幕的每個位置上映現出清晰的遠景和近景。

　　更有趣的是全像的放大。如果製作全像時用的是短波的光，看
全像時卻用波長較長的光，所產生的影像的放大率就等於兩波長的
比。舉例來說，使用 X 射線製作的全像，改用可見光來看時，有可
能放大數千倍。在我寫作這本書時，X 射線的全像術尚未問世。但
以今天進步如此飛速的科技來看，各位在讀本書時，X 射線全像術
說不定已經成為事實了呢！

　　光真是個有趣的東西——特別是當它從全像圖這個超級精密的
繞射光柵，所產生的干涉條紋繞射出來的時候！

觀念一把抓

觀念摘要

光的繞射，是以不同於反射或折射的方式使光線偏折的現象。

◆ 我們可以用惠更斯原理來了解繞射現象；惠更斯原理的內容是：波前上的每一點有如次級小波的點波源。

◆ 波長大於障礙物的大小時，繞射現象最爲明顯。

光的干涉，是指同一束光的兩個部分發出的單頻率光的結合現象，結合的方式可爲波峰與波峰相疊合，或波峰與波谷相互疊合。

◆ 我們在薄膜（肥皂泡或水面上的汽油薄膜）上看到的顏色，來自不同頻率的光在不同厚度的薄膜反射時，所產生的相消干涉。

◆ 全像圖是一種三維相片，是由一束雷射光的兩個部分相互干涉所形成的。

重要名詞解釋

惠更斯原理 Huygens' principle　波前上的每一點都可看成是次級小波的新的點波源。（31.1）

小波 wavelet　任何一種波幾乎都可以分解成許多小波的疊加，小波可說是波形的基本單元。小波分析在訊號處理上非常管用，有「數學顯微鏡」之稱。

繞射 diffraction　波在繞過阻礙（如障礙物、缺口的邊緣等）時產生的彎折現象。（31.2）

單色光 monochromatic light　擁有單一顏色或頻率的光。（31.4）

繞射光柵 diffraction grating　一排緊密相間的平行狹縫或凹槽，可用來分離光的顏色（藉由干涉）。（31.4）

虹彩 iridescence　各種頻率的光波從薄膜的表層及底層反射之後，互相干涉所產生的現象。（31.6）

不同調的 incoherent　用於光波的形容詞，指光波是由多種頻率、相位及方向混合起來的。（31.7）

同調的 coherent　用於光波的形容詞，指光波有相同的頻率、相位，朝相同的方向行進。雷射產生的就是同調光。（31.7）

雷射 laser　一種光學儀器，可產生同調光（一種同頻率、同相位和同方向的光波）。（31.7）

全像圖 hologram　一種三維相片，是利用雷射光束的干涉圖樣產生出來的。（31.8）

借題複習

1. 什麼是惠更斯原理？（31.1）
2. (a)已知波通過缺口時，會向外擴展。缺口愈窄時，擴展的現象會愈明顯，還是愈不明顯？
   (b)這種擴展的現象叫做什麼？（31.1～31.2）
3. 繞射對無線電波的接收有助益，還是有妨礙？（31.2）
4. 繞射對使用顯微鏡看東西時，是有助益還是有妨礙？（31.2）
5. 一個波有可能被另一個波抵消嗎？請解釋。

6. 所有的波都會發生干涉現象嗎？還是只有光波才會？試舉例說明你的答案。（31.3～31.4）

7. 楊氏發現什麼現象？（31.4）

8. 在楊氏實驗中，產生明暗相間條紋的原因是什麼？（31.4）

9. 什麼是繞射光柵？（31.4）

10. 從一個表面反射的部分光線，被第二個表面反射的另一部分光線抵消，需要滿足什麼條件？（31.5）

11. （如圖 31.17 所示）透鏡平放在平坦玻璃上時顯現的明暗相間的條紋，是什麼原因造成的？（31.5）

12. 虹彩是什麼？它和什麼現象有關？（31.6）

13. 如果肥皂泡的薄膜厚度恰好可以抵消掉黃光（透過干涉），那麼用白光照射時，它會呈現什麼顏色？（31.6）

14. 為什麼有水的路面上的汽油會如此多彩？（31.6）

15. 什麼是干涉儀？它依據的是什麼物理原理？（31.6）

16. 雷射發射的光，與普通燈泡發射的光有何不同？（31.7）

17. 雷射輸出的能量比吸收的多嗎？（你覺得必須懂更多雷射，才能回答這個問題嗎？為什麼？）（31.7）

18. 什麼是全像圖？它根據的是什麼物理原理？（31.8）

19. 全像的影像和普通相片有什麼不同？（31.8）

20. 使用 X 射線製作全像圖，有什麼優點？（31.8）

課後實驗

1. 你可以把皺摺的玻璃紙，貼在幻燈片大小的偏振材料上，做成幾張幻燈片；你也可以用透明膠帶試試看，把幾段膠帶以不同的角度疊在一起（可用不同牌子的膠帶進行實驗）。接著，將這些幻燈片投影到一片大屏幕或白牆上，另外再選一個稍大一點的偏振材料，放在投影機前面轉動。你會看見極生動的顏色變化，若再配上你所愛的音樂，就有自己的聲光秀了！

想清楚，說明白

1. 在我們的周遭，聲波的繞射往往比光波的繞射更明顯，為什麼？

2. 假設某場露天搖滾演唱會的擴音喇叭對著正前方，你到處移動位置之後，發覺女歌手的聲音在舞台的前方聽得見，但在兩側則不容易聽到。相對的，你也注意到了，貝斯手無論在前方和兩側，聽起來的音響效果都很好。試解釋為什麼。

3. 為什麼無線電波能繞過建築物，光波卻不能？

4. 假設一對擴音喇叭相隔約一公尺，發出頻率與響度均相同的純淨樂音。如果有個人沿著與兩個擴音喇叭的連線平行的路徑走過，他會聽見聲音一下子響亮，一下子柔弱。這是什麼原因？

5. 如同前一題的假設，請建議一條路線，讓這個人走過去時不至於聽到忽強忽弱的聲音。

6. 用單色光照射雙狹縫時，後方牆上會出現干涉圖樣。請問在紅光和藍光照射出來的干涉條紋中，條紋之間的間隔有何不同？

7. 楊氏在進行干涉實驗的時候，是使單色光先通過一道狹縫，然後

再通過兩道狹縫，請解釋這種做法爲何會使條紋清晰。（提示：
如果到達雙狹縫的光來自幾種不同的方向，結果會如何？）

8. 貝殼、蝴蝶翅膀和某些鳥類的羽毛，常會因你用不同的角度看，
而改變顏色，請用光的干涉來說明這種現象。

9. 注意看水面上的汽油薄膜時，你會看到上面的顏色形成許多完整
的環。請問這些環與等高線地圖上的等高線有何關聯？

10. 假設肥皂泡的薄膜厚度恰好可使黃光被抵消，它在你的眼中呈現
什麼顏色？如果以極小的掠射角看肥皂泡的表面，顏色爲何會改
變？

附錄 E　光的向量性質

　　各位不妨回想一下我們在第 27 章所說的：光是一種如橫波一般行進的電磁能。光波是由兩個向量組成，一個是振盪的電場向量，一個是與這個電場向量垂直的振盪磁場向量（圖 E-1，也可參閱《觀念物理》第 5 冊第 37 章）。光波的偏振方向，就是由電場向量的方向所決定的。

　　從太陽或燈泡發出的光波的電場向量方向是隨機的，可以是任

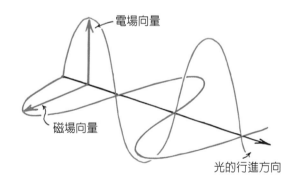

▲圖 E-1

何方向，這種光就是所謂的非偏振光。當我們讓光波的電場向量彼此平行時，就成了「偏振光」。光可以在通過偏振濾光鏡之後，從非偏振光變成偏振光。最常見的偏振濾光鏡，就是寶麗來（Polaroid）公司的偏光太陽鏡片。入射到偏振濾光鏡上的普通非偏振光，會變成偏振光。

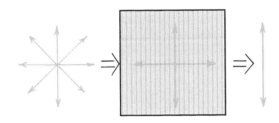

▲圖 E-2

　　假想有一道非偏振光朝著你迎面照射過來，並考慮這道光的電場向量方向。我在圖 E-2（左）中，畫出了某些可能的方向。對這道非偏振光而言，每個方向都有一樣多的向量存在，但是這所有可能的振動方向都可以由兩個方向來取代，也就是水平方向與垂直方向，因為我們知道，任何電場向量都能分解成水平與垂直的分量。圖 E-2（中）顯示這道光照射到一個偏振濾光鏡上的情形，我在圖上只畫出光在水平與垂直方向上的電場向量；如果這個濾光鏡的偏振軸方向是垂直的，那麼只有垂直的電場分量可以通過，所以通過之後的光被垂直偏振了，如圖 E-2（右）所示。

　　各位不妨用兩個寶麗來太陽偏光鏡片做個小小的實驗：若把兩副偏光鏡片相互垂直，擺放在一個有彩色花紋的背景上，你會發現底紋不見了，無法從鏡片後面透射過來，但是當兩鏡片夾的角度不

是90°時，部分光線就可以穿透。這個現象可以用向量及向量的分量來理解。

　　還記得我們在《觀念物理》第1冊第3章裡討論過的嗎？任何一個向量都可以分解成一對互相垂直的分量。我們通常會選擇水平與垂直這兩個方向，不過也可以是任意兩個互為垂直的方向；事實上，選取這一組互相垂直的分量，方法有無限多種。圖E-3顯示了分解向量V的幾種方法，不管是哪一種，以A, B兩分量為邊長所形成的長方形的對角線都是V。

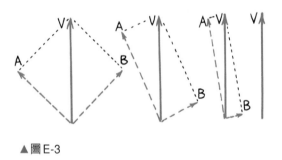

▲圖E-3

　　當然，你也可以永遠把A分量看成垂直的，B分量看成水平的，而將向量V畫成一個會隨著A, B分量的大小而旋轉的向量（如圖E-4）。現在，我們把不同方向的各個向量V，置於一個有垂直偏振軸的濾光鏡上。在左邊數過來的第一個圖上，由於電場向量的方向是垂直的，因此所有的V都能通過；V開始旋轉時，就只有它的垂直分量A會通過濾光鏡了。分量A的長度愈來愈短，最後等於零的時候，V就轉成完全水平的位置了。

　　現在你是否明白了剛才那個太陽鏡片實驗背後的原理了呢？我

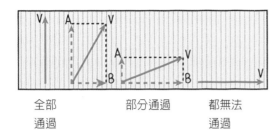

全部　　　　　　部分通過　　　都無法
通過　　　　　　　　　　　　　通過

▲圖 E-4

現在用圖示的方法，畫出兩太陽鏡片非互為垂直時的情形，幫助各位了解（圖 E-5）。我在鏡片上畫的垂直線，代表鏡片的偏振軸。如圖所示，通過第一個鏡片的向量 V，方向是垂直向上的，然而它在第二個鏡片的偏振軸的方向上，有一個 A 分量，因此，分量 A 會通過第二個鏡片，至於分量 B，則會被鏡片吸收。

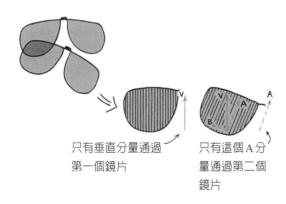

只有垂直分量通過
第一個鏡片

只有這個 A 分
量通過第二個
鏡片

▲圖 E-5

想眞正體會這個奇妙的現象，你必須到實驗室裡，親自拿兩片
偏振濾光鏡來玩玩看。你可以把其中一個濾光鏡擺在下面，然後轉
動上面的濾光鏡，看看通過的光量與轉動角度之間的關係。像這樣
的一組裝置，你可以想到哪些實際的用途呢？

? Question

假設有兩片偏振濾光鏡前後放置，使任何光線都無法通
過。現在如果再拿第三片濾光鏡來，把它放在前兩片濾光
鏡的前方，一樣沒有任何光線通過，若把第三片改放在後
方，情形還是相同。可是，如果你是把第三片濾光鏡夾在
原來的兩片中間，而且不要讓第三片的偏振軸的方向與前
兩片相同，此時就會有光線通過了！神奇嗎？一點也不神
奇，這只是個物理現象罷了。你能解釋爲什麼嗎？

A Answer

你可以試著畫一些向量，來思考這個問題。如果得到答案了，
請幫忙那些還沒想出來而且需要幫助的同學。再不然，最後的
一個辦法，就是去問老師。

圖片來源

本書卡通插畫，皆由作者休伊特（Paul Hewitt）所繪。

取自英文原著照片，作者提供：

    25.2, 26.7, 26.13, 30.7, 30.24

取自英文原著附圖：

    29.9：購自 Dr. Jeremy Burgess（SPL/Photo Researchers）

    31.8：購自 Richard Megna（Fundamental Photographs）

    31.12： Burndy Library 提供

中文版附圖，購自富爾特影像圖庫：

    25.6, 27.9, 28.1, 28.12, 28.14, 28.15, 29.1, 29.22

中文版附圖，邱意惠繪：

    28.2, 28.9, 28.17, 31.6, 31.11, 31.18

閱讀筆記

閱讀筆記

閱讀筆記

閱讀筆記

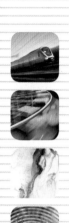

閱讀筆記

閱讀筆記

閱讀筆記

閱讀筆記

閱讀筆記

閱讀筆記

閱讀筆記

閱讀筆記

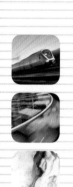

閱讀筆記

國家圖書館出版品預行編目(CIP)資料

觀念物理4：聲學‧光學 / 休伊特(Paul G. Hewitt)著；陳可崗譯.
--第三版. -- 臺北市：遠見天下文化, 2018.06
　　面；　公分. -- (科學天地；211)
譯自：Conceptual Physics: the high school physics program
ISBN 978-986-479-509-3 (平裝)

1.物理學　2.教學法　3.中等教育

524.36　　　　　　　　　　　　　　　　　107009879

科學天地211

觀念物理 4

聲學・光學

CONCEPTUAL PHYSICS

The High School Physics Program

原著／休伊特（Paul G. Hewitt）
譯者／陳可崗
科學天地顧問群／林和、牟中原、李國偉、周成功

總編輯／吳佩穎
編輯顧問／林榮崧
責任編輯／畢馨云
封面設計／江儀玲
美術編輯／江儀玲、邱意惠

出版者／遠見天下文化出版股份有限公司
創辦人／高希均、王力行
遠見・天下文化 事業群榮譽董事長／高希均
遠見・天下文化 事業群董事長／王力行
天下文化社長／林天來
國際事務開發部兼版權中心總監／潘欣
法律顧問／理律法律事務所陳長文律師
著作權顧問／魏啟翔律師
社址／台北市104松江路93巷1號2樓
讀者服務專線／（02）2662-0012
傳真／（02）2662-0007 2662-0009
電子信箱／cwpc@cwgv.com.tw
直接郵撥帳號／1326703-6號 天下遠見出版股份有限公司

電腦排版／東豪印刷事業有限公司
製版廠／東豪印刷事業有限公司
印刷廠／鴻源彩藝印刷有限公司
裝訂廠／聿成裝訂股份有限公司
登記證／局版台業字第2517號
總經銷／大和書報圖書股份有限公司 電話／（02）8990-2588
出版日期／2001年6月30日第一版第1次印行
2023年12月6日第三版第7次印行

定價500元 書號BWS211 ISBN：978-986-479-509-3
天下文化官網 bookzone.cwgv.com.tw

本書如有缺頁、破損、裝訂錯誤，請寄回本公司調換。
本書謹代表作者言論，不代表本社立場。